Dejando huellas

Julio Medina

Número de Control de la Biblioteca del Congreso de EE. UU.:   2015903596
ISBN: Tapa Dura   978-1-5065-0102-4
                     Tapa Blanda   978-1-5065-0104-8
                     Libro Electrónico   978-1-5065-0103-1

Para realizar pedidos de este libro, contacte con:
Palibrio
1663 Liberty Drive
Suite 200
Bloomington, IN 47403
Gratis desde EE. UU. al 877.407.5847
Gratis desde México al 01.800.288.2243
Gratis desde España al 900.866.949
Desde otro país al +1.812.671.9757
Fax: 01.812.355.1576
ventas@palibrio.com
707841

ÍNDICE

TE DEJO MIS HUELLAS

Te dejo una hilera de mis huellas
si las sigues, siempre me habrás de encontrar,
no esperes a que el tiempo se deshaga de ellas
ni las busques donde nunca habrán de estar.

Te dejo la guía que te lleva al destino
profundo rastro marcado en la intimidad de la arena,
ella te conducirá hasta el final del camino
allí escucharás el latir del corazón de quien por ti espera.

Te dejo el rastro peculiar de mis pisadas
al mirarlas advertirás el fruto de mi caminar,
llenas de intensa ilusión están ellas forjadas
en un sueño de amor hecho para soñar.

Te dejo señas de una estela de mis pasos
las que tu fino instinto de amor perseguirá,
y cuando sientas los dulces besos y tiernos abrazos
te tomaré de la mano y junto a mí escaparás.

Te dejo las marcas del trecho caminado
delineadas para ti con el pincel del escultor,
cuando al final de la senda me hallas al fin encontrado
despertarás de la fantasía para vivir el amor.

PUERTO RICO

A mi bello Puerto Rico
le quiero yo recitar,
para así poder cantar
con alegría y con gozo.

Puerto Rico, isla hermosa,
isla de bellos palmares,
donde se escuchan cantares
de cantantes y trovadores.

Puerto Rico, tienes montes
valles. bosques y praderas,
preciosa isla del mar y el sol,
del Caribe es la más bella.

Puerto Rico, eres mi alma
eres mi única ilusión,
te amo isla querida
desde lo profundo de mi corazón.

EL PORDIOSERO

Por el oscuro callejón
vaga triste el pordiosero,
no pide prestado el tintero
ni tampoco el pizarrón.

A su espalda lleva un saco
para echar lo que se encuentra,
ve a la gente salir y entra
a recoger un tabaco.

No lo mira el policía
mucho menos el carpintero,
no tiene ni fantasías
el pobre y triste pordiosero.

Él no tiene la victoria
ni la dicha de gozar,
tan solo una triste historia
que a veces lo hace llorar.

LIBERTAD

Como la felicidad
de una doncella encantada,
que se asoma a su ventana,
así es la libertad.

Mi atrevida dignidad
ardiente de lumbre pura,
remitieron la luz de tu hermosura
para atraer a la libertad.

Libertad, eres la gloria
que en la vida humilde tengo,
velaré en mi pensamiento
por tu grandiosa victoria.

Triunfaremos esparcidos
engendrados en mis cuidados,
mis sentidos van enfocados
en liberar a los nacidos.

Libertad, has triunfado
en la conquista del mundo,
hoy te hemos coronado,
paz dulce, amor profundo.

FLORES NEGRAS

Flores negras ¡qué tristeza
nos embarga el corazón!
La soledad es la riqueza
y con ella perdemos la razón.

Flores negras, esta vida
tan cruelmente nos separa,
entre copas curo mi herida
y la copa es quien me ampara.

Flores negras, esta dicha
de mi alma cada vez más se aleja,
y tan solo desdicha
nuestro semblante refleja.

Flores negras ¡qué amargura
de este amor ilusionado!
Y esta vida que es tan dura
nuestros sueños ha destrozado.

Flores negras, quizás un día
cuando tú quieras quererme,
entonces sabrás que fuiste mía,
y no supiste tenerme.

YO TAMBIÉN

Yo también como tú por ella he sufrido
cuando le entregué mi corazón sin pensar
en el momento que lo pudiera abandonar;
de igual manera en llanto vivo sumido.

Yo también como tú le contaba las estrellas
bajo el manto sensible de una noche serena,
y me bañaba en los rayos de la luna llena
creyendo que mi amor siempre sería ella.

Yo también como tú le cantaba enamorado
las canciones del alma con la voz del amor,
le dedicaba esmerado de lo bueno lo mejor
de todo lo último que se había creado.

Y como tú pintaba en el viento mi alegría
imaginándola conmigo tomados de manos
caminando por la playa en un ardiente verano;
en una pompa de jabón con ella estaría.

Yo también como tú no he dejado de amarla
a pesar del desdén que ella tiene consigo,
no sé si le pasa lo mismo contigo,
pero a ratos me dice que yo pase a buscarla.

ASÍ NOS QUEREMOS TÚ Y YO

¡Qué bueno mi amor
que nos amamos los dos!
Este querer no es de una sola parte,
une a tu corazón y al mío
en algo más que un romance.

La distancia es espejo
y fuente de este estandarte,
haciendo cada día más fuerte
el amor que hay para darte.

¡Qué bueno mi amor
que nos amamos los dos!
De igual manera,
con la misma fuerza
así nos queremos tú y yo.

BÉSAME

Bésame con tierna pasión,
saborea la miel de mis labios.
Bésame, olvida los agravios,
lléname de amor y de ilusión.

Bésame con esa furia desmedida
que a mi corazón enloquece.
Bésame, llévame adonde el aire desaparece.
¡Ríndete a mis brazos complacida!

Bésame, mira que estoy sediento de amor,
embriagame con el aroma de tu piel,
quiero sentirte, ser tu esclavo fiel
bésame, prueba de mis labios su grato sabor.

Bésame, convierte mis fluidos en sutil fragancia,
conquista mi alma con tu dulce ternura.
Bésame, en este el romance que me captura
dame un beso eterno que calme mis ansias.

NECESITO SABER DE ELLA

Es un intenso fluido
que ha penetrado
lo más sensible de mi cuerpo
y me hace sentir extraño.
¿Estaré enamorado?

Pero enamorado ¿de quién?
¡Oh, puede ser de ella!
Si, ella, la que siempre me pregunta:
¿Estás bien?

Aún no la conozco,
solo sé de ella porque me llama
y nunca de mí se ha olvidado.
¿Será acaso que me ama?

Mi palpitar está acelerado.
¡Necesito saber de ella!
Cada vez es más intenso
el deseo de hablarle y escuchar
su dulce voz tan bella.

No he podido ver su rostro,
pero siento que la necesito.
En lo más profundo de su corazón
me aguarda el néctar de un amor exquisito.

AUSENTE DE TI

Esperar por ti sabia decisión
me hizo entender que duele el amor,
sin poder hablar ni poder gritar en este corazón,
condenado a vivir una necedad sin ningún valor.

Por tu amor lloré en la desesperación
muriendo por ti, cruento fue el dolor, conmigo acabó,
pero no escuchaste la dolorosa aflicción
ausente de ti el fulgor del alma apagó.

No existe traición cuando no hay amor,
en la adversidad llegó otro corazón
dispuesto a luchar, quien curó el dolor
prendida de mí con nueva ilusión.

Serena y sensible tocabas mi ser
le diste abrigo y consuelo a quien no tuvo amor,
como tenue luz brillas en la oscuridad de mi padecer.
¡Cuánta falsedad tiene el desamor!

Esperar por ti fue una ansiedad pagana
sufragué bien caro este inmenso error,
no me daba cuenta de que un alma cercana
esperaba por mí para darme amor.

VEN CONMIGO ESTA NOCHE

Si quieres pasar conmigo esta noche
no esperes más a que te lo diga,
montaré de nuevo en mi coche
y tocaré el claxon para que me sigas.

Bajo un cielo de estrellas estaremos
donde nadie interrumpa el coqueteo,
esta noche a un lucero le diremos
que el amor empieza con galanteo.

Si quieres andar conmigo esta noche
de luminosas luces alumbrando el camino,
las apagaremos para evitar un derroche
y no nos sigan los ojos del vecino.

Si quieres bailar en esta noche como en ninguna
soñando entre romances e ilusiones,
ven conmigo para cantarle a la luna
y aprenderás lo mejor de mis canciones.

ALBORADA

❖

Cayó una sombra de la penumbra
posándose
sobre el destello de una estrella,
pero una ráfaga de luz intensa
le dominaba
y la estrella continuaba siendo bella…
Como el cáliz de hermosas rosas
su candidez suntuosa alumbra
y arrullándose junto a la aurora
ahora descansa,
mientras la sombra avergonzada
se disipaba
ante el fulgor de la alborada.

TEMO SIN RAZÓN A QUE ME DEJES

Sentí a la soledad lentamente acercarse
portando un pañuelo gris entre sus manos,
vino a secar la tristeza comenzada a derramarse
dentro de un corazón sufriendo tan temprano.

Las lágrimas volvieron a mojar mis mejillas
después de tanto tiempo de haberlas evitado,
el miedo es causante de esta cruel pesadilla
ataca sin piedad, el daño es insano.

De pronto hoy la confianza moría
y vi como el amor con el viento escapaba,
por un rato pensé que todo perdería,
me quedaría sin ti cuando más creído estaba.

Tus mejillas y las mías como papel se mojaron
en ese charco de angustia vertida desde los ojos,
fue un súbito llanto, todos se asombraron,
sabían de nuestra unión, la más fiable de los cerrojos.

Y apareció el temor…
Y un miedo atroz nos alcanza
entre la duda y la sospecha el amor nos arrebata,
condenándonos sin excusas a vivir con desconfianza,
una vida complicada, estrecha y de garata.

CADA VEZ QUE TE VAS

Y cada vez que te vas
y sigues sin mirar atrás,
me dejas como siempre igual
pensando que fue algo casual.

Viviendo la vida a tu modo
sigo estando demasiado incómodo,
nada parece cambiar.
¡Hasta cuándo podré confiar!

Ese diario caminar por la avenida
sin explicar de donde vienes
y adonde vas,
inquieto me tienes con esas salidas.

Trato de hacerte fallar,
pero tú no quieres perder la partida,
haciéndome de celos estallar,
y me dejas solo, y sales ardida.

Y cada vez que te vas
y sigues sin mirar atrás,
me siento confuso
sufriendo este abuso
que ya no soporto más.

DE QUE ME SIRVE QUERERTE

De que me sirve quererte tanto,
de que me sirve amarte con locura,
si tan solo me causas llanto,
sí, llanto y desventura.

De que me sirve entregarte mi amor
en la esencia de mi vida,
si tan solo me brindas dolor,
dolor desangrando una herida.

De que me sirve acariciarte con pasión
viviendo este amor apasionado,
si eres nada más una ilusión
que me tiene decepcionado.

De que me sirve que seas la primera,
la única a quien he enamorado,
si tu alma vacía, traicionera
mi corazón ha destrozado.

De que me sirve estar todo el día
acariciando tu rostro esplendoroso,
de que me sirve pensar que eres mía,
si tu amor es para otro.

NUNCA PENSÉ QUE TE AMABA

Siempre pensé ser muy fuerte
nada ni nadie podría doblegarme,
vivía por vivir aunque deseaba tenerte,
nunca imaginé que ibas dejarme.

Llegado el momento de la separación
me sentí vacío, sin alma,
al verte partir me abrigó la desesperación
comencé a perder la calma.

Te pedí, te supliqué que no me abandonaras,
pero otras presiones tuvieron más valor,
y a pesar de que mi mente me controlaba
no pude esconder que lo que sentía por ti era amor.

El coraje que me embriagaba
no me dejaba mirar dentro de mí,
y al ver como te alejabas
mi corazón se desangraba por ti.

Porque yo te necesitaba
deseaba estar junto a ti,
cuando me di cuenta de cuanto te amaba
fue muy tarde y por eso te perdí.

CADAVÉRICO

Hoy, después de tanto tiempo
de haber fallecido,
de estar a este ataúd sometido,
sepultado en las sombras
desgarradas de la soledad,
quien se ocupa de los restos sombríos
de un cadáver que deambula sonámbulo
entre siluetas agónicas, intangibles
y como momia marcha
en la oscuridad del sepulcro frío;
y aunque finado,
respiro cenizas del humo
de mi cuerpo incinerado;
son tantos los años de angustia
que socavaron hasta el tuétano
la resistencia de los huesos
dejando el esqueleto resquebrajado,
ahuecado de orificios
por donde escapaba el elixir
del alma atormentada.
Hoy, precisamente hoy
la grisácea penitencia
que fisga el túmulo inexacto
de una verdad presagiada,
roza con ahínco el vacío
cadavérico de la cadena
que arrastro con escaso revelar…
Y llegan tus labios
mostrando la espada roñosa,
ensangrentada de perversidad,
lanzando tajos mortales
sobre la calavera desbaratada
para una vez más hacerme morir;
cuando ya estoy muerto.

PALABRAS DE AMOR

Deja que mis labios lleguen a besarte
para saciar esta sed que a mi ser embriaga,
déjame acercarme a ti para amarte
y que de este idilio salga
el más profundo y tierno amor
que jamás haya existido,
déjame poseerte con el clamor
de un romance revivido.

Deja que mi vida sea la tuya
que mi pasión sea tu pasión,
no permitas que la dicha huya
y se esfume una ilusión.

Deja que mis manos lleguen a tocarte
para sentirte dentro de mi alma,
déjame llenarme de tu deliciosa calma
y en mi corazón aprisionarte.

Deja que te persigan mis ojos
con la dulce y tierna mirada,
déjame arrancarte los abrojos
para que seas mi amada.

Deja que te lleve de la mano
adonde está la felicidad
y este amor tan puro y sano
perdure hasta en la eternidad.

LLANTO A MI AMADA

Amada mía,
reina de mi corazón,
eres la ilusión
que mi llanto peina.

Eres pureza del alba
esperando al otoño
prendido de mi alma,
colgada de los moños
de la gigantesca palma.

Eres un collar de perlas
que brota desde la bruma,
trayendo una blanca espuma
para mi triste condena.

Eres una rosa frágil
que su polen no envenena,
eres tú la luna llena
resplandeciendo muy ágil.

Eres cada lágrima
salpicada de mis ojos,
eres tú aguda espina
detenida en los abrojos.

Eres la luz bendita
que a mi amor conquistó un día,
y si la verdad es infinita
te amaré en la muerte
como te amo todavía.

¡Y YO ENAMORADO DE ELLA!...

¡Y yo enamorado de ella,
y ella enamorada de él;
yo le daba a ella la flor más bella,
y ella se iba con él para dejarse querer!

Colgué una escalera del cielo
para llevarla hasta la luna,
pero ella le entregó a él su desvelo
y él le amó como a ninguna,

¡Qué cosa más grande tiene la vida,
yo solo intentaba que ella en mí se fijara;
mientras ella quería sentirse querida
por quien a su corazón ilusionaba!

Y yo seguía enamorándola,
aún sabiendo de que era tiempo perdido;
y él continuó con ella amándola,
y yo tuve que acallar
aquella imagen que se había ido.

CELOSO

Siento pasar las horas sin amor
amor ingrato causa mi sufrir,
se deshacen los pétalos, la flor,
sin su aroma se acaba el existir.

Aguardo la llegada del albor.
¡Sufro encelado cuando te veo ir!
Esos absurdos celos dan temor,
con ese miedo no podré vivir.

Te celo del contacto con el viento,
al escuchar el ruiseñor cantar,
si las sombras contigo van andar.

Sospechas infundadas, eso siento.
¡Apego insano debo de ocultar!
Este amor no me dejaré quitar.

ATRAPADO EN TU PIEL

De repente te siento entrar lentamente
por la puerta del lado –la que no tiene candado-,
arrastrando una hilera de tan lejos has llegado
a ponerme recuerdos en mi mente.

No permites a la lobuna convertirse,
y me dejas así, pensativo,
volviendo a vivir cautivo
de tu pasión, que no quiere irse.

Atrapado en tu piel estoy prisionero
de infinito deseo, nada se oculta,
te quise y te quiero… ¡Así resultas!
Porque eres amor verdadero.

Y aunque en realidad tú no estás conmigo,
cada vez vienes, y haces que en mi memoria
aparezca el amor negado de aquella historia,
en la cual amándote sigo.

SERÍA BRUTAL

Te extraño
en esta noche inquieta
cuando la tentación se apodera de mi mente;
en el pensamiento arropo toda tu figura
con llamas saliendo del interior de mis dedos,
devorando tu piel inocente…
¡Tu piel tan tersa!

La pasión luce
extremadamente perversa;
ansioso dentro de ese romance me enredo
aprovechando las sombras de la noche oscura
para arrojar dentro de ti este deseo imponente;
alterando tu ansia inmóvil…
Demasiado quieta.

Te extraño
en el desespero de mi gris desvelo,
en la turbada obsesión rondando te espero;
el tiempo ha pasado…
¡Y tú no apareces!
Mi alma asustada llena de temores
le pide a la brisa llegue con tu aroma
para asegurarlo dentro del pañuelo.
Aquí estoy parado como
un escudero
mirando a la aurora cuando ya amanece;
respiro nervioso una lluvia de olores
y veo
a tu ausencia quien sola se asoma.

Te extraño;
¡cómo no pensar en tus ardientes besos!
Esos besos
dejando en mis labios sabor a cerezo.
Intensa pasión, mina de sueños,
me socaba el alma mientras voy durmiendo.
Durante ese tiempo abordan sucesos;
¡son tantos recuerdos!...
Impresionado desfallezco sin entender
como un corazón tan pequeño
-así como el tuyo-,
pudo ir poniendo
dentro de mi alma todos estos excesos.

Extraño tu voz
-ese raro sonido me enloquece,
me tiene turbado-,
es un arrullo salido de un coro celestial
cuando los ángeles susurran,
exquisita melodía atraviesa veloz
los sentidos;
y adentrándose a mi cuerpo aparece
ese sentimiento jamás ocultado.
¡Te extraño tanto!
Sería brutal no seguir esperando…

CAYÉNDOSE AL ABISMO

De espalda a la pared
me dejo caer en la inmensidad de la vida,
un abismo complejo de incertidumbre
me espera al final de la caída.

Es un terreno baldío de barreras
en donde todo parece extraño,
tropiezo constantemente con el pedregal filoso,
apenas avanzan mis pasos cortados.

Respiro el fuego del aire envenenado
abrasando las entrañas,
voy enlodado escupiendo cenizas hartas
sobre las grietas de un condenado.

Acuosas larvas ¡tan largas!
Llegan hasta la última entrada
de un mundo inundado por la mediocridad
de los mutantes malvados.

Ellos dominan, controlan, son numerosos,
mientras los incautos continúan creyéndoles,
tomándose la sobras brotadas de sus gargantas,
inmundo pedazo babeado de fariseísmo.

Inocentes no son… ¡Nada hacen
para combatir al perverso!
Ya nadie camina de frente, van cayéndose
al abismo, así de espaldas, sin lumbre.

ALAS CAÍDAS

Las dolencias del alma
no son nada
cuando se deja salir a volar
el dolor.

Retorciéndose en el suelo
están heridas las alas…
Fue distracción del olvido
alojado en el recuerdo.

¡Y ella atribulada
de vez en cuando
intentaba
volver a existir en el pasado!

Con la piel desnuda arde
de angustia,
y sus cenizas le van ahogando
el corazón,
rojizas flamas tienden la tarde
en donde
ella ha caído buscando amor.

Volar no pueden sus alas rotas
sin sentimientos, faltas amor,
derramó en la tierra
la derrota
entre grises nubes,
porque nunca le alumbraba
el sol.

COMIENZA A LLOVER

Comienza a llover
la lluvia es copiosa,
al suelo caer
golpea furiosa.

Desde la ventana
yo la puedo ver,
lluviosa mañana
para entristecer.

Gruesas son las gotas
bajando del cielo,
su ruido alborota,
provoca desvelo.

Entre los reflejos
de la inclemente alborada,
observo a lo lejos
el agua encharcada.

Un aire friolento
comienzo a sentir,
causa desaliento
me tengo que ir.

MI AMIGA

Al llegar a mi casa
allí está mi eterna amiga,
ella me espera
llena de tristezas, amarguras y crueldad.
Se me acerca
y me dice que te olvide,
que solo piense en ella.
Ella, la que siempre me acompaña.

Entro al dormitorio, abrazo la almohada
y le pregunto con voz suave:
Hola ¿qué tal? ¿Cómo has estado?
Pero de pronto
me doy de cuenta de que estoy solo,
que ha sido un sueño,
una falsa ilusión que abraza mi vida
y en el eterno silencio me abruma.

¡Y repetidas veces me dice al oído
que te olvide, que eres un mal amor!

Con voz dulce, pero firme
trae a mi pensamiento
sucesos que una vez
llenaron mi vida de felicidad,
pero desvanecen como la niebla.

¡Esos recuerdos hoy me matan
y destruyen mis sentimientos!

¡Y una y otra vez me repite:
Te entregaste a un mal amor,
otra vez te has vuelto a equivocar!
Pero yo estoy aquí siempre a tu lado
porque aunque no entiendas
la causa de tu dolor
estaré tomándote de la mano,
y te acompañaré por toda la eternidad.

Me despierto, no veo a nadie
y entonces me doy cuenta de ella…
¡Quién me acompaña
es mi eterna amiga, la soledad!

DEVUÉLVEME EL AMOR

Devuélveme el amor que te llevaste
como una semilla germinó dentro de tu ser,
devuélveme ese loco delirio para tener
la pasión y los besos que una vez inspiraste.

Hay un hueco muy hondo en el alma adolorida
te reclamo con gritos y lágrimas que se deshacen,
este sufrimiento los frágiles sentidos esparcen,
devuélveme el amor para sanar esta herida.

Llena la ausencia de afecto para aliviar el dolor,
libera las penas que matan y me destrozan sin razón
consumiendo los frutos del maltrecho corazón,
devuelve la ternura que te llevaste, devuélveme el amor.

CONTIGO A LA DISTANCIA

Nuestro amor en la distancia se hace,
una alejada amistad transformada en un tesoro,
es mágica la ilusión que en el horizonte nace,
la flor del jardín lejano, la rosa que tanto adoro.

Aunque a mi lado no puedo tenerte,
y quizás eso nunca suceda,
sin tu presencia he aprendido a quererte,
mi amor contigo se queda.

Como aire melodioso encantas mi suspirar
llenando en mi ser ese espacio
que en el alma está vacante,
falto del afecto de alguien que me pueda amar,
y me haga vibrar con amor regocijante.

En mi corazón te has metido
sin importar que estás lejos,
bien distante, amada mía,
pero brillando en mi desvarío.
Serena, tierna,
en mis sueños sobresale el reflejo
delicioso de tu amor
que me enamora de ti, y me extravía.

MUJER

✥

Delicada como la seda
suave, sutil y hermosa,
tan frágil como la rosa
que embellece la vereda.

Tierna y cristalina como el rocío,
radiante como un rayo de sol,
inmaculada fuente de girasol
floreciendo junto al río.

Fragancia salida de la brisa,
fragmento de luz alumbrando el camino,
la felicidad poseída en tu sonrisa
es el amor sumiso que domino.

Néctar delicioso, azucarado
llegaste a lo más profundo de mi ser,
doncella y exquisita mujer
por siempre estarás a mi lado.

Fuente burbujeante de ternura,
destello del eco de mi voz,
reluciente diosa de hermosura
hasta mis brazos llegas veloz.

Sencilla y preciosa hada
delante de mis ojos te quiero tener,
eres la esencia de la nada,
eres la más linda mujer.

POEMA TRISTE

Regresé a mi pueblo
con una herida en lo más profundo del alma,
que me arrancaba la vida
y me robaba la calma.

Regresé en busca del amor,
en busca de la esencia milagrosa
para curar el dolor
que marchitaba mi tierna rosa.

Regresé en busca de la flor bendita
que iluminó mi vida el día que la conocí,
y borró de mi nobleza la flor marchita
cuando se enamoró de mí.

Pero ahora… ¡Qué locura,
no es posible esta incertidumbre,
que me envenena con amargura!
Siento el fuego abrasarme el alma,
me va quemando y la sangre hierve
como lava brotando
desde el centro de un volcán,
arrasando
con todo lo que encuentra a su paso
y convirtiéndolo en cenizas.

No es posible ¡oh, Señor
que yo viva esta desdicha
tan engendrada en el odio
y perturbada por el dolor!

Cada vez que medito,
cada vez que pienso
que ella está con mi mejor amigo,
las lágrimas brotan de mis ojos
como el agua cristalina
que fluye en el arroyuelo,
como aire silencioso
que se quebranta en el espacio,
y salen penas y llanto
consumiéndome hasta el cansancio.

¿Qué será ahora de mi vida
sin el amor que tanto quisiera?
Ni siquiera existe en mi alma ilusión
para reconquistar el amor…
Solo quiero olvidar, sanar este dolor.

Hoy me voy de mi pueblo
con mi corazón herido, con el alma destrozada,
acompañado por una negra sombra
que va detrás de mí por el mundo
llevándome desolación, dejándome soledad.

ENSÉÑAME AMARTE

Anoche entre tus brazos me dormí
desnudo en la orilla del mar,
te pedí te dejaras amar,
embriagado de tu amor amanecí.

Acostado en la humedecida arena
mojada por las inmensas olas,
deseaba tocarte, estaba contigo a solas,
acariciaba tu piel en una noche serena.

¡Enséñame cuál es la manera de amarte,
a conectarme a tus entrañas con furor,
llévame en esa tormenta de amor
prendida a mi cuerpo para acariciarte!

Sentir cuando de amor te estremeces,
saciar el deseo de amar que te desalma,
apagar el fuego eterno que te quema el alma,
disfrutando del placer que apeteces.

Hacer mío tu cuerpo y tu ser
abrazados entre el volcán y el río,
desembocar como un torrente del mar bravío
en tu interior y hacerte sentir mujer.

PERO NO… NO VOY A LLORAR

Esta vez no lloraré,
solo cortaré las venas
para descargar las penas
que de ti nunca esperé.

La tristeza ha llegado
entrando a lo más profundo
de un corazón de otro mundo
que el amor me había prestado.

Los filos de las palabras
dentro de mi mente metidos,
al dolor me han sometido
con una intención macabra.

Pero no, no voy a llorar…
¡Le echaré mi alma al viento
quien con solo un movimiento
todo se lo va a llevar!

Con la soledad ahora sigo
y eso será lo mejor,
sin arrastrar más este temor
que siempre tuve contigo.

CON EL SILENCIO DISPERSO

Mi madre decía pensando a solas:
-Con el silencio disperso por la llanura
hallarás el lugar donde el saber controla
la parte imperfecta de cada figura.

Desde aquí sentado domino un espacio
amplio, tan alto como esa colina,
que obstruye a mis ojos constante y despacio,
pero la mirada pasa por encima.

Más allá le veo, más ni lo imaginas,
sin mover un dedo le toco la cima,
porque los consejos fueron ropa fina,
me los dio mi madre cuando cambió el clima.

Ninguna barrera puede detener
el avance arrollador de mis sueños,
la vida se trata de todo atrever,
y no conformarse con un mundo pequeño.

HÁBLAME DE AMOR

Háblame de lo hermoso del amor,
conquista mi corazón salvaje,
deja caer el anclaje
que sea tierno, acogedor.

Embriágame con la esencia de tu fragancia,
regálame lo más preciado de tu ser,
dame esa sensualidad, mujer
enamórame con elegancia.

Hipnotiza mis sentidos en lo infinito,
naveguemos en la pasión y el placer
hasta la sed y el deseo satisfacer,
vivamos un amor bonito.

DETRÁS DE LA PUERTA

Detrás de la puerta cerrada hay nada
pues aquel sollozo de la acongojada,
se fue transformando en llaga calada;
con dolor intenso siempre está ocultada.

Detrás de la puerta cerrada, olvidada
yace en la tristeza la dama apenada,
de tantos disgustos estaba cansada,
su continua queja nunca fue escuchada.

Detrás de la puerta cerrada, asegurada
se halla vacía una voz silenciada,
buscando salirse de la encrucijada
de sombras, de muerte, de vida engañada.

Detrás de la puerta cerrada, ignorada
la mirada errante observa asustada,
el pasar del tiempo, la angustia atrapada
la temible alcoba en donde fue encerrada.

Detrás de la puerta cerrada, vigilada
impide la salida a la doncella burlada,
una gruesa cadena bordeando la entrada
aprisiona penas del alma tronchada.

Detrás de la puerta cerrada hay nada…
Nada ha soltado a esta condenada;
transeúnte al volante de una luz marginada
despierta conciencias siendo comentada.

CANSADO DE ESPERAR

Tu perfume llega a mí tardío
haciéndome ver cosas que no existen,
sé que lo ocurrido entre tú y yo
fue un invento mío.

Porque tengo el corazón
cansado de querer a una ilusión
que no llego a poseerle
ni en la imaginación

Soñar contigo no fue lo mejor
que pudo pasarme,
sufriendo callado de dolor
en el alma,
yo mismo logré castigarme.

No aguanto más la pena de vivir
con solo mirarte,
en esta espera tan larga
sin poder
tocar tus manos y ni siquiera abrazarte.

Mi corazón se cansó sin alcanzar
el deseo más fuerte,
desvaneciéndose de tanto esperar
por quien
ya ni sé si podré quererle.

¡Qué desilusión la de este amor
inalcanzable!
Distanciados; así nos unió
el destino,
en una mística relación.

LA CAMA VACÍA

Al despertar volteo a mirar hacia tu lado,
está la almohada solitaria carente de tu calor,
desolada y fría esfera, no respiro el olor
de tu piel morena. ¡Ese aroma me tenía encantado!

Pienso en ti y llegan las fantasías.
Con una caricia tersa te deslizas sobre mi pecho,
te arropas junto a mí, abrazados en el lecho.
¡Son delirios de la mente! ¡¡La cama sigue vacía!!

¡Sí!... Vacía ¡lleva mucho tiempo así!
Esperando tu regreso, en eso pienso,
tu ausencia me causa dolor inmenso,
mi dama, te necesito cerca de mí.

Todo lo he dejado en el mismo lugar.
¡Hasta la rosa que te daba en las mañanas!
Abro la cortina que cubre la ventanas.
¡Así como tú hacías para ver la aurora llegar!

¿Olvidarme?... ¡Eso no podrás!
Yo, no he podido hacerlo contigo,
recordar tu amor es lo único que consigo,
estos sueños me dicen que a mi cama volverás.

DE ESPALDA A LA GENTE

De espalda a la gente cantando nostalgias seguidas
que vienen a veces cargadas, humedecidas.
Las huellas del tiempo se sienten aun pasando
dejando heridas pendientes de estarse sanando.

Cientos de cuervos hambrientos sobre mí voltean
locos por picar el dolor saliéndose del alma, pelean.
Es lastimoso el duelo; en la picada sedienta se aprovecha
para oler la pena, bebiéndola fresca dentro de la brecha.

¡Y no llega el final que a mi existencia inserte
el deseo definitivo de encontrarme con la muerte!
La muerte vigila las almas detrás de la oreja
-a la mía desecha ni caso le hace, la ve y se aleja-.

¿No queda el infierno más allá del etéreo infinito,
o es que está inerte dentro de mi pensamiento maldito?
Ardiendo mi cuerpo, lo ha tomado como ejemplo
para engendrar sufrimientos, farídico templo.

Condenada inquietud calvario de la tragedia
todo este pesar lo forma cual si fuera una comedia…
Riéndose de todo, sarcástica risa, pero riéndose de todo
-con risas hirientes lacerando los modos-.

COMO YO TE AMÉ

Como yo te amé nadie más lo hará
te di lo mejor que podía dar,
fuiste mi ilusión, ya no volverás
a sentir este amor desbordar.

Como yo te amé no habrá otro igual
desprendido de si mismo para darte amor,
si nuestro romance no fue algo casual
dentro de ti me tendrás sin ningún temor.

Como yo te amé, aguda pasión
ese fuego intenso nos hizo vivir,
exquisita dicha de aquella ocasión
aquel idilio inmenso acabó mi existir.

Como yo te amé para que sentir
tristeza en un corazón que tanto te quiso,
de la realidad no voy a rehuir
este amor por ti nunca fue indeciso.

Como yo te amé, fui el único culpable
que al quererte tanto de ti me abismé,
en nadie hallarás un amor impresionable
que te ame tanto como yo te amé.

ESTAR CONTIGO

Estar contigo
es escuchar melodías de la diana,
cuando mitigo
la fría brisa entrando por la ventana.

Estar contigo
es respirar el aire fresco de la mañana,
es sentir cuando tu amor yo lo consigo
como manantial humedeciendo la sabana.

Estar contigo
es poder realizar el más bello de los sueños,
cuando te acercas y a los oídos te digo
quiero acariciarte y en esta noche ser tu dueño.

Estar contigo
es vivir esos momentos de pasiones,
me hace feliz cuando junto a ti persigo
llenar nuestro mundo de ilusiones.

Estar contigo
caminando bajo la lluvia abrazados,
es estar convertido en el abrigo
que le da calor a tu corazón enamorado.

DE NUEVO TE PIERDO

Te recordaré
cuando la luna salga
alumbrando la oscuridad solitaria
tendida en la entrada de mi corazón.
Te imaginaré
mientras la aurora vaya
convencida, decidida y voluntaria
a entregarse a los fieles rayos del sol.

Si no estoy contigo no ha sido mi error
yo seguí las señas por todo el camino,
pero tempestades nunca permitieron
el acercamiento, y vinieron
las dificultades como un remolino
atrapándome sumido en desesperación;
y cegado dentro de la confusión
equivocado termino.

Yo te soñaré
dentro de mis sueños rendido,
a los pies de tu amor inmenso
te enamoraré,
y cuando en tu mente
este sentimiento se haya metido…
A los dos convierte
de pasión escasa a deseo fuerte.

Dentro del recuerdo
camino seguro a la realización;
por arduo sendero de vastas salidas
se encuentra la ruta en donde mis pasos
acobardados no deben errar.
¡Pero de nuevo te pierdo,
todo se trastorna sin explicación!
Y mi mejor intención yace convertida
en el más triste fracaso
que como cristal roto no puedo reparar.

CUANDO TOQUES A MI PUERTA

Cuando a mi puerta toques con dulzura
y la ternura que traes no sea otra cosa,
más que el aroma grato de la rosa
cubierto entre la flor de la llanura.

Cuando a mi puerta toques con mesura
para hacerme sentir tu piel sedosa,
y entre abrazos me aceptes afectuosa,
será intenso el amor, desliz y locura.

Cuando a mi puerta toques encelada
para juntos soñar en la fantasía,
nace un romance entre tu vida y la mía.

Si mi puerta la hallaras clausurada
tocando fuerte romperás la apatía,
este amor no lo pierdas ni un solo día.

ME QUEDÉ VACÍO

Me quedé sin inspiración
con el pensamiento vacío,
mirando sin respiración
sin el recuerdo que ansío.

Perplejo y como un niño llorando
en el mar bravío de la duda,
el incendio que me va quemando
por fiero y voraz mi piel desnuda.

Y mi cabeza confusa y loca
es el vestigio del cruel pesar,
el fuego que brota de la boca
es puro veneno al besar.

Y sin alma voy rodando
sin pensamiento perdido,
no sangra el hombre herido
no muere de amor llorando.

EL SEPULCRO DE UNA SOMBRA

Gritaba una sombra por tanto dolor
que un rayo del sol le producía,
y se tapaba con la figura alrededor
para sufrir menos cuando la luz aparecía.

Esa sombra por el mundo anduvo tanto
buscaba ser igual a la imagen de donde surgía,
pero no encontró el origen de su quebranto
ni del lamento que por siempre llevaría.

Murió la fuente de su encadenada tortura
llevándose hasta el sepulcro a la sombra,
y ahora se encuentra en las Alturas
quejándose porque allá nadie le honra.

CUANDO ME ENAMORO

Cuando me enamoro
no sé en lo que pienso
un cosquilleo sonoro
en mis adentros es intenso.

Corro como un meteoro
para buscar la mirada
de ese ser que tanto adoro
y que en el alma tengo atada.

Las horas pasan, son inmensas
interminables parecen los días,
la felicidad y las pasiones intensas
resplandecen mi mundo de armonías.

Solo veo luces y estrellas
en el tiempo detenido
te abrigo con las frases más bellas
en el amor florecido.

DEL ALBA Y LA NOCHE

La casona,
inmensa sobresale en la oscuridad
de la noche,
saciada por la sombra asceta
que pusilánime
fusiona el territorio baldío
a la terrible sensación
de espanto y de frío.

El sigilo frontispicio
reventando
el tétrico panorama de pavor,
deja escuchar
el ruido desvaído
de los pasos muertos
vagando alrededor.

Misteriosa refulgencia
surge del interior…
Es tan intensa
que una cosa destella por las ranuras,
parece como si la casona
estuviese viva;
-fatuo contraste que trae la mente
a confusión-.

Los árboles pelados
como astillas secas clavadas al suelo
lucen impresionante esqueleto
de erizo terrero.

Encorcovada imagen siniestra
en el cenit del alba y de la noche;
en la claridad es penumbra desierta,
y en la oscuridad,
una luminosa sombra ruidosa
que asecha los sentidos
medrosos.

ESA CANCIÓN

En una noche de congojas y vagando solitario
te escucho cantar tristezas de una melodía,
fragmentos del tiempo alojan lo imaginario
cultivando del recuerdo el amor en agonía.

Esa nostálgica tonada en la sangre se congela,
hiriente es el desafío que atemoriza a los sentidos,
este lamento inconsolable hace que el alma me duela
y de las entrañas saca el dolor allí escondido.

Terrible es la canción que a mis oídos profana,
una letrilla infame con heridas de la vida,
es música afligida y la que el alma desgana
y su único aliciente es el refugio en la bebida.

¡Qué se derramen las venas de este pesar absoluto!
Con este cántico lloro esa lacerante conjura,
esa armonía que reviste la tragedia ¡la refuto!
Solo deja sinsabores que me llenan de amargura.

Mientras me voy alejando tu imagen desaparece
y me envuelve el silencio que la soledad gratifica,
¡Ya no te puedo escuchar! aquí tu lírica perece,
predominante es la paz, duradera, dulce y rica.

LLORAR CONTIGO

Quiero ser el pañuelo que seca tu llanto
ese llanto continuo, las mejillas va salpicando.
Tus negros ojos están llorando,
déjame llorar contigo bajo el mismo manto.

Mis hombros serán la esponja constante
para absolver la tristeza de tu quebranto,
esas lágrimas al rociar la piel me dicen tanto,
es la desdicha de amor de tu sollozo la causante.

Deja que mi consuelo te abrigue el alma
llorar contigo esa pena que te embarga,
sentir ese sufrimiento que tu vida amarga
hasta que muera el dolor y florezca la calma.

DUEÑA DE MÍ

Dueña de mí el corazón te sonríe
mientras yo tiemblo al sentir tanta alegría,
tienes completo lo que mi alma exige,
vivo este sueño, el que antes ni creía.

¡Estoy como un pez volando entre las nubes!
Dueña de mí, con tu ternura me cambiaste la vida,
solo contigo tengo lo que nunca antes tuve;
de exquisita dicha me llenaste enseguida.

Las mariposas son ahora rosas rojas
posesionadas de la pasión de este romance,
y para siempre hacen crecer el enlace
de dos corazones salidos de las congojas.

Algo de mí se va haciendo de pronto tuyo
y toda tú dentro de mi piel andas metida
tomando el amor con el que en mi pecho te arrullo…
Bella princesa, mi prometida.

Dueña de mí, de mi vida, de mi todo
eres el ángel que el cielo puso en mi camino,
sin importar dificultades ni acomodos
habrá al final la eterna unión de nuestros destinos.

CUANDO YO MUERA

Cuando yo muera
solo estaré pensando en ella,
en las alturas la llevaré adonde quiera
y la amaré en el azul infinito de una estrella.

Cuando yo muera
exquisito será el perfume de la rosa,
ese aroma del amor estará allá afuera
latiendo en el corazón, dentro de la flor más hermosa.

Cuando yo muera
no quiero verte sufrir ni llorar,
solo conserva los besos que una vez te diera
y en el secreto absoluto, allí te habré de esperar.

Cuando yo muera
no me iré de ti, caminaré un corto sendero
si al mirar al inmenso cielo en el me vieras
sabrás que mi amor por ti fue siempre sincero.

HASTA QUE ME OLVIDES

Hasta que me olvides
no soltaré esos lazos,
ni desecharé los abrazos
que con insistencia me pides.

Hasta que me olvides
no borraré de mis labios,
aquellos besos que a diario
pensando en ellos vives.

Hasta que me olvides
no romperé el acuerdo,
del amor en mi recuerdo
por si otra cosa decides.

Hasta que me olvides
mi corazón seguirá atado.
a la mujer que yo he amado
y dentro de mi alma reside.

Hasta que me olvides
enloquecerás en mi pensamiento,
ese noble sentimiento
que a tu corazón prohíbes.

Hasta que me olvides
no te dejaré de amar,
mi amor no podré ocultar
así como tú lo exiges.

DESPIERTA AMADA MÍA

Despiértate amada mía
que ya está de madrugada,
levántate alborotada
con la dulce melodía,
que un ruiseñor difundía
muy cerca de tu ventana,
despierta que el sol emana
sus rayos calentadores,
y están prendiendo las flores
que embellecen la sabana.

El paisaje se levanta
y las mariposas vuelan,
con su aleteo cincelan
un dulce sueño que encanta,
y en el corazón implanta
una ternura que adora,
este sentimiento ahora
tiene el hombre que has querido,
de tu amor vivo prendido
de eso eres conocedora.

Despierta que el gallo canta
en el silencio dormido,
y la noche que se ha ido
se lleva en la oscura manta,
esa tristeza que espanta
y te llena de temor,
por ahí sale un rumor
avanzando en el camino,
diciendo como el destino
me separa de tu amor.

Despiértate amada mía
el tiempo al fin ha llegado,
ya vengo desesperado
porque a la duda temía,
la angustia me consumía
al no tenerte a mi lado,
pero al fin te he encontrado
por este amor lucharé,
nunca te abandonaré
de ti sigo enamorado.

EL AMOR QUE NO OLVIDO

El amor que una vez tocó a mi puerta
era de un hilo pérfido del viento,
voló en el corazón con desaliento
y me hizo yacer en la esencia muerta.

Ahora que ese amor me desconcierta
cuando la espina cruel de aquel momento,
sacaba del afecto intenso aliento
abandonado con la herida abierta

¡Cuánto pesar perturba los sentidos
por ese breve amor, al que no olvido!
Quedé con su partida adolorido.

El amor que una vez vistió gemidos
cargaba restos de un dolor siniestro,
cayeron sobre mí, ofuscaban dentro.

MEDICINA DE AMOR

Traigo una canción de amor
tiene dulces melodías,
llena de colores y alegrías
refrescante, desaparece el dolor.

Antídoto contra la amargura
desalienta el aburrimiento,
si me permites decir lo que siento
la indiferencia se cura.

Combate cualquier veneno
traiciones, ausencia, hasta la soledad,
tiene el don de colmarte de felicidad
y mantiene el ánimo sereno.

Decir: ¡Cuánto te amo es el secreto!
Se lo dices suavecito en el oído,
y saldrá de tu corazón escondido
el amor que allí estaba quieto.

DAME BESOS

Dame besos prendados que no paren de llover,
de los que se duermen en el regazo de la mirada,
y en esos labios sedientos de besos dejar caer
frescura en tus delicias azucaradas.

Dame besos cautivados tan profundos como el mar,
donde el manjar de tu boca sea virtud exquisita,
que cada beso quede prendido en mi alma al declamar
el tierno amor que en la intimidad del corazón palpita.

Dame besos seductores que no escapen de las manos,
y su lisura sentirla con cada roce del viento.
Dame besos fascinados que no sean de otros llanos,
que su sonrisa apacible no provoque aislamiento.

Dame besos hechizados que se adhieran a los labios,
de esos besos pausados que me eleven al espacio.
Dame besos encantados donde no hallan intercambios,
para rebosar de amor cuando me beses despacio.

FUEGO... Y CENIZAS

En donde
hubo fuego prenden las cenizas
con llamas
que luego el amor hechiza.
Siendo como
un roble con tan bellas flores
atraes a la vista
a la cual conquistas.
En tu cara
fresca la ternura muestras
de ese amor tan tuyo.
¿Irremplazable?... Eso lo sé yo,
porque nunca
te has rendido ni has perdido
la esperanza
de conquistarme otra vez.

Atrapas
mis labios en tus tiernos besos
con dulzura
traída de otro universo,
avivando el calor en un sentimiento
apagado entre capullos, muriendo.

¡Prenden, prenden las cenizas!
No hay lluvia que apague
las llamas ardiendo en la piel;
borbolla de amor estalla,
abriendo en el corazón la puerta
en donde guarecida estabas
todo el tiempo aquel.

ENSOÑACIÓN

Pendido de la magia lozana de la luna
el galán con su amada toma la decisión
de maniatarse a las alas del alma con una
fuerza apasionada de amor e intensa atracción.

Y en el aire desnudos nada les importuna
en un amorío eterno de amplia ensoñación,
entre las vastas sombras de la noche oportuna
dejan al universo atestiguar su afición.

Dos amantes perfectos no quieren separarse,
de ese idilio de dos sale un solo ser formado
con besos y abrazos sin final por acabarse.

Harta esencia la Creación les ha derramado
dentro cada corazón para toda la vida,
con este amor real, de pasión enternecida.

DILE

Dile que el amor que ofrece
ya te lo había dado otro querer.
Dile que aún estando ausente
no me has olvidado,
y llevas en tus labios mis besos,
los que ayer
a cada momento te dejaban el cuerpo
con la piel inquieta de sensaciones.
Sin saber vivir, sin saber morir.

Dile que ahora no es lo mismo,
pues su pobre amor falto de emociones
no tiene efecto en tu corazón.
Dile que le sigues comparando
con mi manera de amarte,
y su estilo no es el mejor;
por eso vives soñándome.
Dile,
sí, anda y dile como yo te henchía de amor…

Dile que al cerrar los ojos
te caes en mis brazos escudriñando amor,
dile cuanto yo te amé,
que de ti nunca se fue
el afecto por mi corazón.
Dile, sí dile que pronto regresarás
al nido inefable que te da calor.

LA ESENCIA DEL AMOR

Búscame en la esencia de las dulces letras,
estas palabras de amor las he escrito para ti.
En ellas va el secreto que en el silencio impetras,
es una luz labrada con ternura desde que te conocí.

Palpita en tu corazón la deliciosa melodía
emanada de mis versos como fuente prodigiosa,
de un romance nacido en la discreción del día,
que permanece alojado dentro del ánima amorosa.

En esa tierna sensación mi espíritu puedes tocar.
¡Soy fragmento de la brisa, tus mejillas acaricio;
como fluido
camino tu cuerpo que se estremece al suspirar!
Adormecida me sueñas convirtiéndome en tu vicio.

Estando junto a ti, en tus adentros escondido,
allí enloqueces con los poemas y versos.
Llevas este amor intenso en el corazón metido,
teniéndome extasiado con el sabor de tus besos.

Lee mis letras,
manifiestan armonía perfumando la mirada
de este amor apasionado que tus mejillas sonroja,
que te embriagan y te pervierten el alma flechada,
que sedosas como pétalos de rosas deshojas.

NADA EXISTE

Libera las cadenas que con angustia me encarcelan
encadenado al fallido romance de tu amor.
Sufre mi alma afligida, se retuerce del dolor
por sentimientos de penas que me culpan y me condenan.

Lleva luz a las sombras que me consumen en el olvido
no me tortures más con el látigo de tu desprecio,
no ignores mi soledad, no me trates como a un necio
déjame salir del calvario y sanar el corazón herido.

Dame libertad, permíteme buscar otro afecto.
¡No voy a seguir a tu espera! el horizonte surcaré
como pajarillo lastimado, al infinito emigraré.
Nuevas esperanzas y sueños iluminarán mi trayecto.

No me detengas, quiero escapar de esta agonía.
No maniobres mi vida, ya no puedes fingir.
Tu corazón por mí hace tiempo dejó de latir.
¡Apártate, no existe nada entre tu alma y la mía!

FULANA

¡Fulana, anda mujer
que cada vez que te miro
no encuentro que más hacer,
cuando me ves con esos ojos de zafiro!

Tu imagen se quedó conmigo
me la llevé hasta mi casa,
y allí pensando en ti sigo,
ni cuento el tiempo que pasa.

Fueron un par de segundos
de un saludo tan fugaz,
los que cambiaron mi mundo
de manera perspicaz.

Y te metiste en mi mente
y no te quise sacar,
y es de ti precisamente
de quien me acabo de enamorar.

Ansioso de que llegue mañana
para de nuevo volverte a ver,
despertaste el amor, Fulana
ése que quiero tener

Entre el gentío hoy busco
la mirada que me inquieta,
y cuando te veo me luzco,
¡Ay Fulana, sé discreta!

Me olvidé de María y de Ana
de Luisa y de Carmencita,
porque contigo, Fulana
la dicha se hace infinita.

DE QUE COLOR ES EL AMOR

¿De qué color es el amor?
¿Por qué nos envuelve en su pasión?
Si nos contagia el desamor
que nos derrumba en la ilusión.

No vale en la vida esperar
un sentimiento viene y además
hay muchas dudas para indagar
cuando se está amando demás.

Querer y amar eso no es igual
amar nos logra hipnotizar,
querer es algo simple, casual
desilusionándonos al terminar

¿Con cuál color llega el amor?
Si en la noción alguien se pierde,
inunda el alma con su dolor
hiriendo fuerte para que te acuerdes.

ESTE VACÍO NO TIENE COMPARANZA

Olvídame,
no vengas más a buscarme,
ya nada queda, ya nada existe,
se esfumó el amor que te tenía,
y tú quedaste triste y vacía.

La vida da la oportunidad
de renacer,
y eso es lo que pienso hacer...

Olvídame,
si entre tú y yo
no existen momentos ni ayer.

Mas hoy no te puedo dar
lo que dentro de mí dejó de haber.
Y desde ahora
las horas se alargaran
para hacerte sentir
el amargo de la hiel.

¡Te sentirás tan sola!
Y yo te pido disculpas,
pues no sé otra manera de decirte...
Olvídame.

Cayó el telón y este amor
se queda detrás de las cortinas,
varado entre rosas y espinas
sin encontrar otra salida hacia tu corazón.

Olvídame,
el tiempo me lleva
por una insalvable distancia.
Las sobras de este amor
caen al vacío
y allí se pierde confianza.

Olvídame,
perdóname el hastío
que fulmina tu esperanza.

LA MUJER DE MADERA

Esa mujer está hecha de madera
no siente ni provoca a la tristeza,
así ella ha estado por la vida entera,
no habrá quien le perturbe la cabeza.

No será del amor la prisionera
ella todo lo hace con aspereza,
me ha dejado esperando en la escalera,
en su alma está abrigada la rudeza.

Al olvido enterró sus pasiones
y se deshizo del amor que sentía,
su corazón las puertas ha cerrado.

Sigo atrapado a sus pretensiones
si pudiera dejarla, feliz sería.
La mujer de madera, yo la he amado.

PIENSA EN MÍ

No hables, no digas nada
solo piensa en mí,
con el amor que siempre te di
a mi corazón quedaste atada.

Viaja en la inmensidad del universo,
sigue a mi lado y en tus sueños imaginando
que a los oídos te voy susurrando,
recitándole al amor un verso.

Pero no despiertes, quédate así dormida
disfruta esta dulce fantasía,
suplico no llegue la luz del día,
y no se pierda la felicidad vivida.

ESAS GANAS DE LLORAR

Hoy no quiero llorar,
no deseo volver a sentir
las lágrimas caer en el mar de mi dolor,
no era un sueño volverme a enamorar
dejando salir a este amor que teme resentir
de la dicha de abrigarme a tu calor.
Hoy no quiero llorar,
solo pretendo la angustia de mi alma resistir
para acallar a este mal devorador,
y como los pájaros volar
a la lejanía insólita, evitando seguir
en el trastorno atormentado de furor.
Hoy no quiero llorar,
ansío ser firme para poder eludir
las penas circundando a mi alrededor,
necesito de mi corazón arrancar
la espina que está haciéndome sufrir
falto del amparo confortador.
Hoy no quiero llorar,
no deseo volver a sentir
las lágrimas caer en el mar de mi dolor.

HASTA QUE EL CUERPO SE RINDA

Ámame en tu lecho e inventa
como libertarme de la pasión esta,
que a veces se torna violenta
al no tener tu respuesta.

Ámame con toda tu ternura,
mátame con un ataque vesánico,
que llene el corazón de frescura
y me haga sentir romántico.

Ámame hasta que cesen los suspiros
y no se sienta el aliento,
entrégame el amor por el que deliro,
no prolongues más el momento.

Ámame hasta que la aurora se esconda
y quede sola la medianoche,
ámame hasta que la luna redonda
jamás alumbre en mis noches.

Ámame hasta que el cuerpo se rinda
y no quiera más tus besos…
Ámame que ese amor tuyo me blinda
de las delicias de tus excesos.

FUEGO DE INVIERNO

Es corto el tiempo y largo el olvido
que el fuego de invierno se desliza
por las ramas desnudas de los árboles,
la corteza dura desde la raíz se arropa
de una alfombra diana tendida en el suelo,
el aire friolero entumece y eterniza
la vista del transcurso nostálgico
añadiendo a la imagen del recuerdo
el espacio afligido galopando,
entre llamas doradas la esencia prendida
de las hojas como copos va cayendo…
Los colores de la temporada pintan
de blanco y dorado el paisaje cubriendo,
la condición usada del camino juntan,
con fuego de invierno aplacan incendio.

LA NOVIA DE SIEMPRE

Llega la novia, viste traje en plata
el aroma se siente, su fragancia
tierna mirada, su sonrisa grata
es la novia de siempre, la de infancia.

Princesa, dama firme en la flor y nata
nos dominabas con tu petulancia,
que diestra la aprendiste en la bravata
sin importar el tiempo ni distancia.

Encanto de realeza, nos tienes
peleando por estar en tu regazo,
la ausencia de tu amor hoy nos pervierte.

Compartes entre todos los bienes,
es de tu corazón duro machazo
para ese amor que te hace sentir fuerte.

SE HIZO TARDE

Han pasado muchos años
sin volver a verte,
esos años,
por tu amor viví afligido,
y mírame ahora, estoy redimido
de la voluntad y del capricho de quererte.

Obstáculos
no permitieron
que se cumpliera un sueño.
¡Sueño maldito
el que el destino nos fijó en la vida!
Los rencores nos dejaron el alma resentida,
nos robaron el deseo y se nos escapó el empeño.

Sufriendo,
las ansias murieron en la desgracia.
¿Acaso no es desgracia el dolor que llevo dentro?
¡Ahora el camino retorcido avalada este encuentro!
¿Para qué te cruzas con mis sentidos?
¿Es una gracia?

¡Oh, me quieres enloquecer!
Es mejor que te vayas,
y no me toques que ya es muy tarde;
sí, muy tarde
para encender la llama de la esencia que arde
en un corazón hecho cenizas,
al que no le quedan ganas!

FRÍO DEL ALMA

Llega la noche arrastrando la pavesa
y en la carencia oculta desamor,
frío del alma, hostil silencio
hoy me torturas…
¡Cómo me duele
la insana herida de la traición!

En la negrura de la noche desahogo
la soledad, quien ampara el interior
de un corazón ya lastimado…
Fue insuficiente el sentimiento,
a la deriva termina el amor
desamparado sin atención.

Sigo en la noche mustia, vasta la hilera
abierta de agravios y evocación,
sombras cenizas no me abandonan
en cada noche…
¡Cómo lamento
la insana herida de la traición!

Frío en el alma, no se detiene
y en los recuerdos
te veo en ellos al lado de él
Tiende la noche su manto negro,
entonces enjugo
el llanto amargo de mi ilusión.

LA TRISTEZA Y LA ALMOHADA

Una mañana con la almohada
silenciosa entre mis brazos,
cogiendo quebrantos
en cada apretada.

Ella dice nada
solo absorbe malestares,
desbordados cantares
con la nota marcada.

¡Y le digo, y le cuento de mi angustia,
de una retórica que a otros cansa!
Pero solo me responde: -Ven y descansa,
entra a mi cielo, allí no sentirás molestia.

Duermo a mis anchas
igual a un niño afortunado,
en toda la aurora no he despertado,
cerrando de aquel suceso la brecha.

Por eso cada mañana atribulada
cuando la tristeza despiadada reaparece,
agarro entre mis brazos la almohada,
y duermo en su cielo en donde nada entristece.

HOY COMO AYER

Hoy como ayer quiero seguir
enamorándote amor,
y entre tus brazos estar y vivir
la realidad sin más temor.

Eres franqueza de una ilusión
que se formó en mi corazón,
no existe tiempo sin condición,
te veo partir y no hay razón.

Hoy más que ayer ansío sentir
de tus caricias la sensación,
y a los oídos poder decir
que serás tú mi adoración.

Tomo tus manos y me dejo llevar
dentro de ti para soñar,
en este romance deseo llegar
hasta el final sin despertar.

Hoy como ayer es pasión intensa
de un amor irreemplazable,
para amarte así bella e indefensa,
por quererte tanto no soy culpable.

FUGAZ FANTASÍA

¡Si volviera la noche a vivir las pasiones,
si volviera sanada de cruentas lesiones!
Le entregaría la vida lacia, nefasta,
la vida vacía en donde soñar no basta.

¡Si regresara la noche a caminar mis pasos,
mis pasos atestados de soledad y fracasos!
Le dejaría recoger hasta el final del camino
los abrojos y espinas señalando el destino.

¡Si llegara la noche libre de nostalgias,
las nostalgias vienen como acto de magia!
Liberaría de mi corazón adentro
el dolor latente, es como un espectro.

¡Si sintiera la noche llegar a mis ansias,
las ansias saturadas de intensa controversia!
Me movería apresurado en la dirección opuesta
para no escuchar el murmullo de protesta.

¡Oh, noche ausente, la fugaz fantasía
se niega a seguir la travesía,
mientras te sigo imaginando ilusión perdida,
perdida en el sueño de una luz ennegrecida!

ME DETIENEN TUS OJOS

❈

¿Qué tienen tus ojos?
¡Me miran tan tristes!
Llenos están de enojos.
Me laceras y me embistes.

Y brillan en ellos
en su profunda mirada
los segundos aquellos
cada vez angustiada.

Me llevan a lo lejos
acariciando mis labios,
pero en sus reflejos
hay tristezas y agravios.

Pero dime que tienen
esos ojos morenos,
en mi recuerdo se detienen
dormidos y serenos.

Cada vez que los veo
con furia me hieren,
pintando el deseo
del amor que prefieren.

Porque me detienen
esos ojos tan bellos,
atropellándome vienen
con sus candentes destellos.

SI ME QUISIERAS

Si tú me quisieras, te daría la vida entera
para siempre a mi corazón te unirías,
tus finos pasos protegería
por ti, yo haría lo que fuera.

Si me quisieras...
Enterraría en el olvido mi pasado
poniéndole fin a este tormento,
le daría salida al amor que siento,
por ti estaría eternamente acompañado.

No son promesas ni tonterías
abriría mi interior a tu amor eterno,
Si tú me quisieras...
Contigo sería dulce y tierno,
¡Te llenaría el alma de alegrías!

Si tú me quisieras...
Te gozarías de este afecto verdadero,
entregaría mi voluntad a tus ansias,
se morirían las tristezas y las distancias.
¡Si me quisieras cómo yo te quiero!

LAS PALABRAS SOBRAN

Me quedaré contigo
hasta que nada pueda lastimar tu piel,
y seguirás conmigo
dentro de este idilio para ser infiel;
tienen nuestros cuerpos atracción virtuosa
que es como vergel,
variados olores hacen el perfume
embriagando el alma,
y luego nos lanzan al mar de pasiones.

Me quedaré contigo,
quiero saber de tu intimidad
cuando las palabras sobran,
ahora la tentación
nos empuja hacia la realidad.

En este momento
las sensaciones del huerto
no nos dejaran,
el aroma a tierra
llega abrazando a los sentidos
sin darnos tiempo a pensar,
nos llena el fuego pasional
de sus vorágines llamas,
con cada suspiro nos consume
el deseo que hierve voraz por dentro,
olvidándonos de la existencia
de los demás.

HASTA QUE VUELVAS CONMIGO

Si me olvidé de todo
es porque necesito
tener tus lindos ojos
cerquita a mis sentidos.

No me fui para olvidarte
ni para romper el nido,
quería saber si tú me amaste
como yo lo hice contigo.

El tiempo vuelve a estar
trayéndome hasta tus brazos,
y no me voy a quitar
para que otro llegue a tu lado.

No te di la libertad
porque siempre la has tenido,
y por ti voy a esperar
hasta que vuelvas conmigo.

MI BORINQUEN ES BELLA

Escucha el trinar de golondrinas
amanece en mi tierra tropical,
respiro aroma a café, lo cuela la vecina,
un aroma sabroso, nativo y sin igual.

Montaña arriban se oyen cantares
y una guitarra nos invita a deleitar
de esta isla bordeada de palmares,
del cielo azul y del inmenso mar.

Sus costas bañadas por las aguas del Caribe
con sus tesoros nos quiere embelesar,
es Borinquen la perla de mi aljibe
la más preciosa que tengo en el ajuar.

Las gaviotas se enlazan en manadas
y se deslizan entre la magia de la bruma,
brotan burbujas como ninfas aladas
que se ocultan y se disuelven en la espuma.

Tiene Borinquen la fuerza del guayacán
tierra de hermosos prados y bellas flores.
¡Qué precioso resplandece el flamboyán,
en un bello atardecer de mil colores!

LA DICHA EN LA ÍNTIMA AGONÍA

Ese corazón tuyo encerrado y complicado,
es ahora un desierto dentro del llanto enjugado.

Es una dicha alocada entre las cosas de la vida.
Una dicha que está pasando… Pasando… Pasando…

El tiempo no se detiene con la vida por delante.
Tú prosigues el avance acompañada en la luz del día.

Pero empiezan tus ojos acariciar el amanecer,
vas erguida frente a la muerte como el árbol fortalecido.

Ese corazón tuyo que sus murmullos se escuchan
y él mismo se ha levantado tan hablador y tan alegre.

¡Cuántas veces ha marchado por el camino provechoso,
compartiendo esperanzas con un cielo encapotado!

Es una dicha alocada entre las cosas de la vida,
dicha que brindan los logros de la realidad lucida.

Si hubieras sido gaviota alzarías raudo vuelo,
cruzando el horizonte, alcanzando grandes mares.

¡Yo siempre te creí rebosada de alegría,
con solo observar tus ojos que miran dentro del alma!

¡Oh, qué dicha alocada entre las cosas de la vida,
ese corazón tuyo encerrado y complicado!

SIN ATADURAS

¡Qué el espíritu a mi cuerpo renuncie
y se pierda como los pájaros en la infinita distancia!
Dejando en el olvido sus deseos y sus ansias
con las huellas marcadas para que el fin se propicie.

En ese espacio libre, absoluto y silencioso
sin enlaces con la vida ni en continuidad con la muerte,
sereno, pero frío, borrando recuerdos, volcando la suerte,
lanzándolos al final del sendero polvoroso.

Donde el rugir del miedo es un dócil remanso,
y al dolor del amor se la ha negado el libelo.
Un lugar lleno de paz y carente de consuelo,
donde el rencor y sus quebrantos pactan en el descanso.

Allí sin frases ni llantos ¡sin destino!
Con el pensamiento oculto del gentío,
me fundiré eternamente con el rocío,
y en las madrugadas yaceré en el camino.

ECOS DE VOCES

Danza dentro de mi cabeza
formando ausencia oscura,
retumbando con locura
va, viene y tropieza
sin sentido
el eco,
eco,
eco.

Sin llamarle aquí se ha metido
por entre agujeros secos,
corre cada recoveco
temblante sonido
estremeciendo
las voces,
voces,
voces.

Resuena sin temer de estar teniendo
melodías chuecas, de esas atroces,
con vasta intención reconoce
que nada estará diciendo,
solo son repeticiones
de ecos, de voces,
de voces,
de ecos.

Que murmuran, y que nada dicen
de las cosas que van sintiendo,
en la lengua están poniendo
palabras, y finalicen
todos repitiendo
como eco
de voces.
voces.

JULIO MEDINA

ENTRE LUCES Y SOMBRAS

!Cuándo dejará de mojarme la lluvia!
Lluvia ceniza brindas desaire,
oda mancillada de pensamientos
vagan errantes
deshojando flores en mi tristeza;
lentamente desgasta
la angustia implacable
de la soledad que me abandona
en la lluvia pesarosa...
El alma desasida,
el flujo extraviado,
alucinantes goteras escariando la piel
de la esencia que nada siente.

Y muere la vida; fracasa la muerte,
el cuerpo varado
entre luces y sombras...
En la amplitud perenne
pende lluvia prolongada
y el abismo resbaladizo, deslizante
sustenta avidez
de un amor frustrado.
No basta el destino
sin cielo ni tinieblas
bajo la lluvia pertinaz,
melancólica...
¡No deja de mojarse el alma!

MURMULLO DEL VIENTO

Dentro
de un silbido holgado
del viento,
susurra metido
en un lánguido arrullo
tu silencio despierto.

Escucho murmullos
rondando los labios…
Un lamento
escapado a voz de concierto
derrama las lágrimas
que van escarbando en las mejillas
el sembradío triste,
y estremecen en la memoria
el sentimiento
trazado a flor de pintalabios;
inmisericorde coloreo
al corazón maquilla.

Percibo
el sonido peculiar
de una alusión
recitando la tragedia de la historia,
realizada desde un embalaje
adonde a tiempo se guarda
para recordar;
haciéndose posible esta amarga
canturía
que resulta siendo ofrecida
en la intención
obstinada de ocupar
el espacio del olvido.

Ya el murmullo veloz avanza…
¡Cuchicheo ese
sin destinación!
Son tantas orejas pendientes,
ansiosas por oír el gemido
que lanza
la simiente afectiva
cuando sale
del herido corazón;
para luego irse a calumniarla.

LA NOCHE QUE NO VUELVAS

La noche que no vuelvas
alucinando en pasiones
bajo la estrella selecta
extinguirá el palpitar,
saldrá un suspiro aislado
que se meterá a mi cuerpo,
y al acariciar mis manos
sentiré tu respirar.

La noche que no vuelvas
entre mis tristes canciones
vendrá una lluvia inmensa
que se sentirá caer,
y una luz impresionante
irá alumbrando tu cara
hasta que veas el llanto
que no dejo de tener.

Cuando la noche acabe
de estar cubriendo tus actos
portando un ramo de rosas
tú intentarás pasar,
para ver mi frío aliento
vencido por los fracasos,
pero allí estarás llorosa
tratándome de besar.

EL INFIERNO DE TU AMOR

Leo tus letras temeroso por lo que puedan decirme,
no tengo miedo de ti, pero no deseo continuar con este desafío.

Ese corazón tuyo abriga tantos rencores,
aunque del tiempo pasado cenizas solo han quedado.

Llevas en el alma rebeldía, siempre sales a mi encuentro,
no importa te hayas casado ni que de ti estoy lejos.

Dentro de mi memoria por donde una vez pasaste,
veo en ella unas sombras de las que hoy ni me acuerdo.

Ese corazón tuyo abriga tantos rencores,
pesadillas interminables de aquel ayer estropeado.

Vas al desquite sin medidas regando insano veneno,
intoxicas el alma y la mente de inocentes retoños.

¡Porque tu maldad palpita en las entrañas del infierno,
disfrutas y te regocijas al saber cuánto daño puedes hacer!

Y yo aborrezco aquel momento cuando en ti pude creer,
enamorado y por tus encantos en la tormenta fui a caer.

Al terminar la lectura de tus letras confundidas,
mi entendimiento se trastorna con esa mente desquiciada.

Ese corazón tuyo alberga tantos rencores,
aunque del tiempo pasado cenizas solo han quedado.

NO DEBES LLORAR POR AMOR

Deshojo el amor
que llegó veloz,
con fuerza, furor,
y partió precoz.

Trajo una ilusión,
pero fue fugaz,
triste abreviación
me deja incapaz.

Distraído, aquí pensando
en donde te has metido,
llama, dime cuando
seré consentido.

Se acerca el dolor
que causa alejarse,
resistir con valor
para no desmayarse.

No se debe llorar
por un amor incierto.
no volverse a enamorar
es el mejor acierto.

LAMENTO DE DOS

Ya no quiero infundirte temor
si ausencia no más puedo dar,
ni sentir que termina el amor
cuando cerca de ti quiero estar.

Atroz el estiaje minando tus ojos
te infiere dolor... ¡Cuánto lo lamento!
Infecunda huella fragosa de antojos
latiendo en la cautela del tiempo.

Niña de lamentos socavas la hiedra
sin vigor continuo prosigues sufriendo,
dentro de la lluvia de polvo y arena
ciñéndote el alma mientras vas muriendo.

Viento suspicaz sustraer te toca
de la piel hendida el sabor amargo
que en los dulces labios un beso coloca...
Un beso de hiel a tu boca descargo.

Atravieso de los dos el adiós efímero
perdido en la luz nostálgica del pasado,
por quererte así niña mía fui el primero
de tantos amores que has ilusionado.

SIN TI LA VIDA ES NADA

No quiero me veas llorar
arrastrando esta cadena,
mi alma se muere de pena
por tu amor me han de matar.

Tu querer quise alcanzar
sin saber que eras ajena,
estoy sufriendo esta condena
porque sin ti no puedo estar.

La vida para mí no es nada
sin tu querer estoy perdido,
eres la razón de mi existir.

Por otro eres amada
este dolor me tiene abatido,
yo no lo puedo resistir.

POR EXTRAÑARTE

Odio no odiarte por extrañarte
solo esto sucede en mi corazón.
¡Cuántas razones pudieron darme
motivos para de mi vida sacarte,
y sin embargo nunca he dejado
de prestarte atención!
Por más que trato, ya más no puedo
pedirle a este sentimiento no volver
a cuestionarte
las decisiones para de tu amor alejarme,
aunque no quiera, así lo debo aceptar.

Odio no odiarte por extrañarte,
este destino de lejos vino
y no me enseña como olvidarte.
Toda esta ausencia el alma descontrola,
y mi ser como una bola
rueda entre la indecisión,
golpeándome con indiferencia
le haces daño al corazón.
¡Cuánto lamento
que lo nuestro haya sido de esta manera,
de lo contrario contigo feliz yo fuera!

LOCA

Loca, te llaman loca
la gente lo dice así,
en este barrio de pocas cosas
todos hablan de ti.

Vas por la calle
luciendo la ropa rota,
y a los zapatos no hay quien le halle
la medida, por ser grandota.

Loca, hablando sola
las fantasías no puedes dejar,
tu risa fuerte, mostrándola
nadie la puede aflojar.

Hace unos años eras sensata
de privaciones ninguno te podía acusar,
lucías intensa en la bravata,
a todos asustabas al pasar.

En ese tiempo tan aludido
por quienes de tu fortuna probaron,
llegó un extraño, hábil bandido
y las diversiones se terminaron.

Ahora chiflada, ahí te han dejado
te cortaron en pedazos el corazón,
y aquel orgullo manifestado
desaparece del caparazón.

Loca, así te volviste loca
pintando en el aire mariposas,
con la mirada exagerada dislocas
los pétalos de las rosas.
Loca…

NO ME APARTES DE ELLA

Fragmentos acarician mi sentido
brisa suave, murmuras delicada.
Invade el eco del rumor mi oído
deja al tocar la cara sonrojada.

El aroma en derroche está escondido
agita al viento, sopla en desbandada.
Navega en ese fluido recogido
del jardín de la rosa perfumada.

Tiene esa esencia el talle de la seda
atenta, fina, aroma delicioso.
¡Céfiro manso, no me apartes de ella!

Esa fragancia en el ambiente queda
hembra de dulce encanto, bullicioso.
¡Tu loción en mi corazón destella!

LLUVIA DORMIDA

Te amo tanto, haces mi vida
entre destellos y anhelos de la noche serena.
Luz de los sueños en la lluvia dormida
es grato el perfume que la piel estrena.

¡Qué no haría yo para agradar tu encanto!
A veces no encuentro letras para describir
el amor que por ti siento, y me adelanto
para no olvidar ¡cuánto te quiero decir!

Niña y princesa, flor delicada,
deliciosa brisa fresca las mejillas acaricias,
diosa de amor personificada,
seguirás hechizándome en la fuente de tus delicias.

Con solo sentirte el alma cautivas,
al relucir tu mirada el mar se detiene,
esos luceros de cielo, de ternura sensitiva
vierten la intimidad que en el corazón mantienes.

Terciopelo de hadas, lisonjera,
exquisito cariño tienes para dar,
adormeces en el idilio al romance que trajera
embelesos de delirio para en tu amor anidar.

TE SACARÉ DE MI ALMA

¡Si quieres que te olvide, eso haré!
Incendiaré el archivo en donde está tu recuerdo,
en cenizas convertiré el acuerdo
del amor que nos juramos cuando te enamoré.

Del nido de mi corazón te sacaré,
no importan las lágrimas derramadas
que en el aljibe del alma llevo guardadas.
Lo abriré y al viento las lanzaré.

¿Es lo que deseas? Sigue con tu vida
y no me confundas con tus mentiras.
¡No engañes más al corazón que expira!
Tus promesas son una verdad fingida.

¡Sabes que partiré en dos este sentimiento
renunciando para siempre a tu amor!
Y me bañaré en la fuente del dolor
donde le cortaré con el puñal del sufrimiento.

Escondido en las sombras de la desilusión
con el corazón destrozado
allí me quedaré refugiado,
llorando amargamente la pérdida de mi ilusión.

MAR DE AMOR

Ella me besaba con locura,
y sus tiernos besos discurrían
por mis labios
anidándose en el alma.

Ella era fuego,
pasión desmedida
de una llamarada espléndida,
encendida hasta el piélago
de un mar de amor.

Ella era harta erupción
desbordada
en las arterias de mi boca,
con sus besos llameantes
filtraba el amor ausente
a mi corazón.

PARA VOLVER AMAR

Para volver amar
hay que tener un sexto sentido,
y sanarse en el agua del mar
de ese dolor que nos ha herido.

Para volver amar
hay que nacer de lo que se ha vivido,
el corazón una y mil veces cambiar,
de lo contrario es tiempo perdido.

Para volver amar
hay que anular los sentimientos,
de nada vale olvidar
si se está lleno de resentimientos.

Para volver amar
hay que deshacer ese acuerdo fingido,
el alma afligida sanar
borrando recuerdos que han dolido.

Para volver amar
no se puede mirar a las estrellas,
falso afecto te habrán de dar,
volverás a sentir sus huellas.

Para volver amar
hay que enfrentar el desafío,
los viejos traumas dejar,
deberás encontrar a un amor como el mío.

SE APODERÓ DE MI ALMA

Agarrado de sus alas
me llevaba
a disfrutar la fragancia
de las flores,
con cada pétalo
el corazón aromaba
de alegría,
de gratificantes olores.

Viviendo aquel momento
quería seguir…
¡Y que no acabara ese día!
Para nada abría los ojos
porque podría ocurrir
que terminara la fantasía.

Me cedía la luna,
y me ofrendaba un mar
de pasiones
desbordado dentro del paraíso celestial,
detenía el tiempo sin titubear,
en aquella dicha no cabía el final.

No era sirena
ni salió de las estrellas,
pero a cada instante
me llenaba de su inolvidable amor,
entre su alma
tomó la mía, apoderándose de ella;
haciéndome sentir el más grande
soñador.

MEDIANOCHE

Es la medianoche, y yo,
no puedo seguir dormido,
sin ti muero y pensativo
te sigo esperando amor,
la soledad infinita
no acaba de castigarme,
golpea para obligarme
a esperar de mañanita.
Es la medianoche, y tú,
no llegas a liberarme
de esta soledad maldita,
no vienes para salvarme,
ahogo en el mar de angustia
que arroja desolación…
Solitario suspirando
con amor vivo soñando
necesito tu atención.
La medianoche se va,
y me deja aquí llorando,
al llegar la luz del día,
tú, ya conmigo no estás…
Tristeza en la melodía
de mis versos voy cantando,
sé que nunca volverás
a una medianoche más.

LLUVIA

Mientras la cálida y fugaz lluvia caía
jugaba con la perla cristalina,
en la lluvia danzaba allá en la esquina
me mojaba y me mojaba, gritaba y reía.

Gotas suaves acariciando tu piel
toda empapada bajo el árbol seco,
aquel suave sonido se une al eco
de un tierno beso dulce como la miel.

Esas manos arrullo, humedecidas
transmiten a mi cuerpo fuerte calor,
que estremece y eriza todo mi ser.

Esas mejillas frías, enrojecidas
de frío tiemblan y se sonríen del dolor
al sentir esa copiosa lluvia caer.

SI ALGÚN DÍA TE VAS

Si algún día te vas
no olvides que yo he quedado atrás.
¡No sabes que cuando decides
nuestro destino cambiar,
a mi también me dolerá!
Sé bien que nada te detendrá,
y el paso siempre lo habrás de dar.

Si algún día te vas
cierra bien la puerta a la salida,
no vaya a ser que después de atravesarla
decidas regresar arrepentida.

Ese momento pasará,
terminará esta obsesión de tenerte,
aunque tu pérdida me enfermará
y luego en la agonía me doblegará;
estaré muy cerca de alcanzar la muerte.

Si algún día te vas
escucha la voz de mi alma mustia
-esa que una vez usted conociere-,
solo te dirá lo pronto que pasará la angustia
porque de amor nadie se muere.

MÁS ALLÁ DE MÍ

Más allá de la distancia estás tú
sintiéndome lejos,
queriéndome menos,
buscando otro rayo de luz.

Más allá de mí sigues teniendo la lluvia
carente de besos, de un querer sincero,
de calor ameno
que te haga sentir que existe el amor.

Más allá de tan lejano horizonte
no llegan palabras,
ni mis sentimientos
que puedan decirte que en mi corazón estás.

Y yo pegado a tu recuerdo no sé olvidarte
esperanzado en alcanzarte adonde vas,
y tú más allá, dificultoso encontrarte
diciéndome que a tu amor no tendré jamás.

LUZ Y FUEGO

En la ventana, un rayo la atraviesa
trae mensaje al nuevo amanecer,
disipa sombras del anochecer,
luz de fuego la vida te confiesa.

Fugaz, cándida, diáfana, inconfesa
esa endeble huella dejas al nacer
y voraz anclas al resplandecer
desplazando en la infinidad que apresa.

La flama eterna. la del esplendor,
insensata fluidez desaparece.
De la noche adversario, el más prudente.

Mezcla flameante funde el albor,
dominante frescura permanece.
Esponja de tinieblas permanente.

POBRE DE MÍ

Deseando amarte y por ti sigo esperando.
¡Es triste esta desilusión!
¿De qué ha valido seguir imaginando
y soñando con una falsa ilusión?

¡Pobre de mí!… No quise ver el final.
¿A quién he de culpar por la ingratitud de tu querer?
A esas palabras de amor, se me ofrecían como un vendaval,
las que pronunciaron tus labios y me alcanzaron enloquecer.

¡Qué ironía! ¿Cómo pude en ti creer?
Si siempre me decías que solo se ama una vez.
Pensaba que el amor renace y comienza a florecer,
entenderlo así ¡fue solo una estupidez!

Dejo atrás del doloroso camino,
caprichos y aspiraciones que ya no estarán conmigo.
Fantasioso pensamiento cabalga con mi destino,
no es verdadero el amor, si ese amor yo lo mendigo.

MI NIÑA TÚ

Mi niña tú, la que a diario suelo soñar,
a quien mis ojos detenidos miran tantas veces.
¡Si en el dulce de tu mirada te pudiera acompañar,
y sonreír en la sonrisa que ofreces!

Pienso en ti, en mi mente estás metida,
mi niña hermosa, al universo me haces volar,
eres sensible como una rosa, niña consentida,
llegas a mí, y solo tú el cielo sabes controlar.

Niña de mis sueños, tu fuente de amor
la siento en mi piel, y ya no sé si podré vivir.
¡Qué extraña es la vida! Cambió a realidad aquel primor
que antes soñaba. ¡De él ahora no puedo desistir!

Mi niña tú, a quien nada debo preguntar,
no hay mayor embeleso que la ternura de tu pasión,
en la delicadeza de tu amor me quiero encantar
para no perder la dicha de tener esta ocasión.

SI NO TE ENCUENTRO HOY

Pero hoy que yo haré
si no te vuelvo a encontrar,
sin parar rastrearé
solo este inmenso lugar.

Huele bien en el viento tu aroma
esencia dejada al pasar,
despacio volteo y veo una paloma
alzando vuelo hasta escapar.

Si no te encuentro hoy como ayer
volverán mis ojos otra vez a derramar
toda esta tristeza metida en mi ser,
sollozo que nunca habrá de parar.

Siendo tu intención igual a la mía
tenemos tantas cosas para empezar,
no te alejes sola, ha llegado el día
cuando nuestras almas se quieren juntar.

QUIERO MORIR EN TU SONRISA

Hoy no quiero esos recuerdos sentir
llenando de nostalgia el pensamiento,
solo deseo soñar para vivir
las fantasías de ti que son mi aliento.

Mis ojos más no pueden llorar,
ya se ha secado el mar del sufrimiento,
quiero delirar en la locura al en ti pensar,
y viajar en un éxtasis surcando en el viento.

Hoy quiero morir en tu afable sonrisa,
así, sonriendo contigo siempre estaré.
¡Oh, pero el corazón está hecho trizas,
no quiero recordar lo que ayer pasé!

Hoy quiero seguir alucinando
por un amor enloquecido,
quiero tu rostro seguir imaginando
y no saber que te he perdido.

MIS LABIOS DISTANTES

Eres tú la última que besas mis labios
mis labios sangrientos por el desamor,
sangran desagravios
tristezas del viento, romances calados
por tanto dolor.
Mis labios marcados de besos plagiados
a nadie han besado de felicidad
el sabor amargo
que sienten mis labios
es el zumo agrio de infelicidad.
Eres tú la última que posas en mis labios
otros labios tristes llenos de rencor
que dejan resabios
furiosos del miedo, de heridas palpables
cuando no existe amor.
Mis labios distantes cerrados al tiempo
no quieren consuelo de la incomprensión,
los llevo conmigo en el desacierto
son el fruto falso que da la ocasión.

NO ES ILEGAL EL SER HUMANO

Dios creó la humanidad
la dispersó por el mundo
creando un sentir profundo
unidos en igualdad.
En aras de libertad
tienen el valor que encierra
luchar contra el que destierra
tomándonos de las manos,
no es ilegal el humano
en esta bendita tierra.

En la tierra extraña estoy
busco un mejor porvenir
trabajo para vivir
todo mi esfuerzo lo doy,
mucha tristeza tengo hoy
junto a todos mis hermanos
de corazón noble y sano
que se siente perseguido,
y decimos bien erguidos
no es ilegal el humano.

Niños están separados
del núcleo familiar,
con nuevas leyes lidiar
detenidos y apresados,
mientras somos regresados
un intento que es en vano,
en un terreno cercano
ellos han construido un muro
para no escuchar tan duro
no es ilegal el humano.

MUERTO POR TI

Si en la sangre vivieran los sentimientos
mis venas serían tan solo huecos…
Huecos vacíos de los fragmentos
que tú dejaste en mi cuerpo seco.

Seca el pañuelo en mis adentros
el sufrimiento que late muerto…
Muerto de ti ¡cuán hábil espectro!
Grita el dolor que nace abierto.

No sé llorar, pues tú no has vuelto
el abandono volteó mi todo…
Mi todo vuelcas y está disuelto
es el final, se fue ni modo.

Ya en la agonía lejos me queda
aquel recuerdo de mi soñar…
Soñar que un día en la polvareda
tu insano instinto quiso apagar.

SOMBRAS TENDIDAS

Salieron bellezas serenas y tibias
de luces sombreadas tiñendo el paisaje,
guardando del sol el tejido de encajes
de fuego dorado que el ocaso entibia.

El astro cayendo hacia el horizonte
despide a la bruma de un mar sosegado,
se acoge al reposo tanto deseado,
y apaga la luz antes de que atonte.

Las sombras se tienden en el panorama
con hábil pericia forman a la noche,
quedará tendida hasta el desabroche
de la madrugada salga entre las ramas.

Toda esta lindura de transformaciones
del día a la noche nos da atardeceres,
son la creación que con sus poderes
la naturaleza tiene entre sus dones.

NO TENGAS MIEDO

No tengas miedo corazón
ya no hay quebranto ni dolor,
aquel desliz fue un tropezón
que me causaba el desamor.

Llega la dicha, intenta amar
aísla el sendero del temor,
no quiero que vuelva a pasar
el daño de perder tu amor.

Abre la vida, saca ese miedo
deja llegar a quien quiere amarte,
tu amor es lucha de mi denuedo,
a usted deseo, me ilusionaste.

No hables más, cierra los ojos
cuando el amor toca a tu puerta,
deja salir a los enojos
para que el alma siga despierta.

No tengas miedo a la invención
que queda atrás en el pasado,
no llegues a una conclusión
sin escuchar a este enamorado.

SI ME DEJAS AHORA

Si me dejas ahora
se borrará de la memoria este dulce recuerdo,
este sentimiento que a tu amor implora
no suplica por mí sino porque te pierdo.

Si me dejas ahora
se derraman en llanto las represas del universo,
ahogando el amor que dentro del alma llora
me moriría de penas, se extinguiría mi verso.

Si me dejas ahora
no estaremos juntos al llegar la madrugada,
se apagará la luz que en mi pecho mora
esa luz enciende tu sonrisa enamorada.

Si me dejas ahora
las huellas de tiernos besos forjarán mi pasado,
aquellas tersas caricias que la ansiedad devora
allanarán el dolor y viviré olvidado.

MIS ZAPATOS VIEJOS

Volví a ponerme mis zapatos viejos
los que lucían chamuscados, rotos,
pero no me importó sentir complejos
y ando con ellos dentro de alborotos.

Zapatos viejos, guardan mis reflejos
los siento fieles por estar devotos,
acompañándome a lugares lejos
que a veces demasiado son de ignotos

Como escudo de acero es el aguante
los rigores del tiempo no le asustan,
aunque el agua los cuela, y es bastante

¡Es que son cómodos, así me gustan!
Con los cordones flojos, deshilados,
zapatos viejos tós descolorados.

DIME COMO TE OLVIDO

¡Qué puedo hacer para olvidarte,
para arrancarme esa ansiedad que vive dentro de mí!
Dime como hacer para vivir sin ti.
Enséñame el camino para de mi alma sacarte.

Nuestra separación ha surgido
incitada por el desamor y la duda,
devastador, es una realidad tan cruda.
No puedo aceptar que tu amor haya perdido.

Envíame consuelo desde la distancia
para calmar el dolor que a mi corazón agobia.
Este sufrimiento que ataca, me causa fobia
respirando aún el aroma de tu fragancia.

ENCADENADO A TU DESGRACIA

Me llevaste a un paraje muy lejano y profundo
en donde se escuchan gemidos del alma encadenada.
Donde el amor y la vida no significaban nada,
tétrico lugar, me encontraba en otro mundo.

Sombras siniestras emanando hediento fuego
de los huecos de sus ojos, hacia una cárcava nos guiaban,
ocultas por intensas tinieblas que el espíritu quebraban,
y con insaciable ímpetu me dejaban sin sosiego.

En aquel espacio tenebroso, vigilados por los cuervos,
cientos de grises mariposas volaban a tu resguardo,
allí cortaste mis venas, así caí en un letargo.
Con un conjuro infernal me convertiste en tu siervo.

Los néctares de mi cuerpo hacia tu boca fluían
una música sepulcral el ánimo me partía,
encadenado a tu desgracia entre el humo veía
como el alma y la fe en las cenizas morían.

SONETO A LA SOMBRA

La sombra ya cesó de andar contiguo
sedienta está de luz satisfacer,
quería en estupor pertenecer
al fragmento lejano más antiguo.

Esta pasión por un deseo ambiguo
hace a la oscuridad enloquecer,
-se oculta cuando debe aparecer-,
con su innombrable imagen atestiguo.

Permitía fulgor adondequiera,
brillantez incesante a todos quema
sin que una sombra firme respondiera.

Ofuscada por su osadía extrema,
la sombra, en la negrura está escondida
haciéndose la desaparecida.

NAVEGARÉ EL ANCHO MAR

Para olvidarme de ti
navegaré el ancho mar
donde no pueda mirar
tus ojos cerca de mí.

Ya la luna
está avisada en el cielo,
y en sus rayos
ha enviado el consuelo
de no verte en su reflejar.

Para olvidarme de ti
haré que no puedas llegar
hasta la barca a deshojar
el amor quedado aquí.

La marea
ha subido los niveles,
y llegar
hasta la playa ahora no puedes,
si lo intentas,
la oleada te va a llevar.

Para olvidarme de ti
navegaré el ancho mar
donde no pueda mirar
tus ojos cerca de mí.

OJITOS ESCASOS

Estoy contando los pasos
que separan la mirada
de esos ojitos escasos
que inspiran de madrugada;
esas pisadas que crecen
cada vez que el tiempo pasa
en la travesía se pierden
y entre tú y yo el trecho amasa;
avanzo para mermarlo
y no perder el sendero,
pero después de caminarlo
caigo en el atolladero
de la distancia que ignora
a un amor tan verdadero
y la pasión no aminora
por el corazón que quiero
al alcance de mis brazos
y aunque el traste haya asumido
sigo mimando a tus ojazos
sin importar que te hayas ido.

TODOS HABLAN DE OLVIDAR

¡Todos hablan de olvidar
cómo si eso fuera así de fácil,
solo la muerte puede anular
el antojo a un recuerdo tan ágil!

¡Sollozo queja tras queja,
todo este llanto corroe las venas.
goterean tanto que me mojan las cejas!
Impidiéndome mirar apenas.

Controlar al olvido no considero
porque su recuerdo intenso
enciende pasiones que ni espero,
y aunque lo intente me quedaría indefenso.

¿De qué hablan los que no saben
del arte de amar con pasión intensa?...
¡Esos serán los que en la tumba excaven
para sacarle al corazón mi memoria extensa!

NO FUE FÁCIL

No fue tan fácil
acomodar en el olvido tu recuerdo,
arrancarle a mi pensamiento el deseo
de buscarte en el más recóndito lugar,
no fue tan fácil, nada de fácil,
pero al final del día lo pude lograr.

Todas esas huellas con signos tuyos,
las que mostraban a mi rostro quebrantado
devorado por un dolor incontenible
han quedado atrás…
Y no volverán adolecer en mi vida,
no seguirán lastimándome la herida
cicatrizada en un corazón
que no duele más.

No fue nada de fácil
librarme del sacrificio de tu amor
enloquecido,
sacarte de adentro de mí
y dejarte en el olvido
hasta lograr suturar aquel dolor.
No fue tan fácil, nada de fácil
evitar caer contigo en un abismo.

PASIONES ESCONDIDAS

Y ella resuelta liberaba su amor
sosegado de pasiones escondidas,
un corazón golpeado por el dolor…
¡Desangraba tanto su herida!
Ahogaba el alma... Y despavorida
buscaba aliento al desenredo.
Solitaria andaba perdida
entre sombras padeciendo de miedo.
Soportando esa soledad oculta
hasta que sus ojos brillaron de nuevo,
y de su inocente mirada resulta
que su inmenso amor me lo llevo.

USTED NO SABE

Usted no sabe
lo que es tener un amor incierto,
cuando todo acabe
el corazón quedará abierto.

Soy una ave herida
buscando amparo y consuelo,
dime porque te has ido de mi vida,
mira que muero en el desvelo.

Porque usted no sabe
que el alma sufre su desamor,
la desventura en el amor no cabe
y el corazón no tolera más este dolor.

Son fallas hirientes, tan graves
por las que el amor nunca regresa,
porque usted no sabe
lo que es vivir con la angustia esa.

LLORA MI GUITARRA

¡Lloran las cuerdas de mi guitarra!
Surcan el espacio tristes melodías,
lloran la partida de la amada mía,
mi desconsuelo es el eco, tristezas amarra.

Interpretan las cuerdas las lágrimas huecas,
armonías silentes buscan tus oídos,
sentado en la tumba muy triste y sombrío,
llora mi guitarra porque ya estás muerta.

El dolor es nota de mi trágico llanto
lírica que el alma eriza y conmueve,
porque el amor mío junto al tuyo muere,
muere mi guitarra, mi prosa y mi canto.

Y DESPUÉS

Y después
el infortunio contamina el aire,
lo respiro cada instante,
su aroma se pega a mi piel,
y el color etéreo de su dolor
cae de las lágrimas del alma
perforándome las manos;
espinas salen
metiéndose en la carne.
¡Y hierven, y arden, y son ácidos
carcomiéndome la vida!…

¡Ya no grito,
ya no duelen las hincadas,
solo siento agrado!
Placer llenando
el vacío disperso de mi morada
ensombrecida, nefasta,
pero al final satisfecha de silencio
frío, perturbador
recorriendo las arterias de mi interior,
y después quedo dormido
entre los brazos de la soledad.

Si existe alegría, yo no lo sé.
¿A qué le llamamos así?
¿Vendrá alguna vez, o se fue
y más nunca volvió?...
Yo solo conozco soledad;
sé hablar conmigo mismo,
contándome historias
de grillos y de escarabajos
ahogándose dentro del fango.
Y repito esos cuentos
una, dos... ¡Ya ni puedo recordar
cuánto los pude contar!
Y después, y después te diré:
-Pues no lo sé.

NOCTURNAL

Cruza la yola por el vidrio acuático
refulgido con óptimos colores,
de una noche atractiva de esplendores
inauditos, tiznando el lago estático.

El sombreado de aspecto flemático
se descuelga entre los halagadores
mimos del agua; con gratos rumores
de un embeleso límpido, enigmático.

Va la lindura fresca armonizando
la rozagante ruta del nocturno
paseo de la yola navegando.

En el principio extenso taciturno
deslumbrante es gozarse la belleza;
preciado don de la naturaleza.

PIEL DE SEDA

Piel de seda, caricia suave
seduces al despertar la madrugada,
palpas como el plumaje de las aves
das un toque terso, mimas apasionada.

Sentidos tensos al rozar contigo tengo
duermes la mente, sin cuerpo vago.
¡De las estrellas sin alma vengo
y ya no sé qué es lo qué hago!

Ternura volcada dentro de la brisa
la respiro al estar tan cerca de tu piel,
abrigas finura en la blanca frisa
y me dejas tieso con el olor a miel.

Dulzura encantada en mi ser te quedas
la fricción de tus dones no quiero perder,
piel de mota sílfide labrada en seda
arrullándome el momento prefiero tener.

VENENO

Como del alma me quito
el veneno que me quema,
como saco despacito
este mal que es un dilema.

En el corazón palpito
la confusión de tu amor,
fue culpa de ese maldito,
vino a ser tu seductor

Vaciar esta memoria
del recuerdo corrompido,
las tristezas de mi historia
enterrarlas en el olvido.

Sanar la pulsante herida
en el sueño reprimido,
fuíste una carta leída,
de ilusiones me has cohibido.

Dime donde corto el hilo
en el corazón enredado,
sinsabores trajiste al filo,
este amor ha fracasado

Con tus dotes de sirena
me has convertido en esclavo,
el latir de tu alma envenena,
veneno me has dado, al fin y al cabo.

MI QUERIDO POBRE VIEJO

De ti estoy muy alejado
no hago caso al corazón
pienso que tengo razón
por eso te he condenado.
Me encuentro tan enredado
buscando en esa verdad
que con mi joven edad
te he pretendido juzgar,
habré errores de agregar
sin tener por ti piedad.

En soledad abatido
por el rencor que me abruma
estoy pasando una juma
porque me siento perdido,
a veces padre querido
deseando irte a buscar,
pero prefiero ocultar
lo malo que hice contigo,
tú siempre fuiste mi amigo
y no lo puedo negar.

Mi pobre viejo has partido
cuantas angustias pasaste,
tu cariño me brindaste
sin ti, estoy arrepentido
el tiempo se ha detenido
te has ido a la eternidad.
¡Todo es infelicidad!
Me destruyó la apatía
ya tú no estás ¡qué ironía!
Falta el amor, tu amistad.

PARA ENAMORARME DE TI

Para enamorarme de ti
no quiero sentir tu aliento descalzo
ni roturas en el ambiente
ni silencios de espacio.
No quiero caminar sobre senderos andados
entre cánticos amargos.

Ya viví ayer una locura
y no quiero quedarme
otra vez sin cordura.
No quiero recuerdos realengos
saliendo cada vez que sople el viento.

Para enamorarme de ti
deberá estar henchida la luna,
derramando sentimientos tersos
cuando me antoje de ellos.

No quisiera que las sombras me persigan
cuando vea como tu imagen se ilumina,
y sacar del escenario las palabras tristes
porque así tus labios no las tendrán que decir.
Para enamorarme de ti
quisiera ser único, el primero…

SÁCAME LAS PENAS

Insano el amor quebrándome adentro
llenándome el alma con febril locura,
el deseo de ti en mí está ocultado
tierna es la pasión de la que murmuras.
¿Por qué te siguió este corazón
al que nunca permiso yo le he dado
para alejarse sin darme razón
y refugiarse en tus cálidos brazos?

Dime la verdad… ¡Qué quieres de mí!
No puedo ocultar lo que estoy sintiendo,
si eres el amor y estás descubierto
déjame llegar muy cerca de ti…
Ya vives metida en mi pensamiento
no dudes jamás de lo que voy diciendo,
en la timidez confeso y liberto
el alma te habla del amor que siento.

Un amor así no tiene sentido…
Sin dejar más huellas sácame esta pena
y el rastro de un sueño tan perturbador.
En mi desesperación te has convertido,
rotunda obsesión que solo tú enfrenas.
¿Para qué vivir si no estás conmigo?
Morirme sin ti sería mejor…
Sácame esta pena, finaliza el castigo.

NOSTALGIA DEL PASADO

Llegó el otoño
y me subí a las alas del tiempo,
volando
hasta donde están sembradas
las nostalgias del pasado.
Y recorrí senderos
tendidos al momento
de hojarasca parda con bordes plateados.

Crujían las cenizas de las ramas desnudas,
el follaje agrisado aromaba el viento
con esencia del ocaso
que al respirarla desata sueños.

¡Ay, nostalgia que vuelves
a nacer en mi mente,
con recuerdos tan fuertes
que crecen de solo pensarlos!

Son mis ansias de amarnos
el deseo presente,
pero su ausencia es la muerte
que con tristeza me envuelves.

SI LAS FLORES HABLARAN

¡Si las flores dejaran de llorar,
qué feliz sería!
¡Si tus pétalos me dejaras tocar,
me alegraría!

Un corazón henchido te quiere dar
de las flores su color,
y el dulce de su aroma respirar
al entregarte lo más sensible del amor.

¡Si las flores te pudieran decir,
cuánto tiempo por ti he esperado!
No tendrías razón para desmentir
el hechizo de este amor abnegado.

Entre las flores quiero sentir
este sentimiento llegado,
y dentro de mi corazón admitir
estar de ti enamorado.

COMO PUEDO DECIRTE

¡Cómo puedo decirte que no te amo
que llegado el momento podrás irte!
¡Cómo puedo decirte sin herirte
que se murió la rosa de aquel ramo!

Lágrimas dentro de mi alma derramo
que no dejan al desamor sentirte,
solo quiero con mi dolor decirte
que olvides para siempre mi reclamo.

¡Cómo te puedo decir sin mentir
que fue tu abandono y la indiferencia
las que nos dejaron sin el amor!

¡Cómo amarte si dejó de existir!
¡Cómo puedo decirte que es la ausencia
causante de tu pena y tu dolor!

SIN PODER ENTRAR

Esperando encontrar sosiego
para esconder el alma
en el secreto nítido del silencio,
-emancipada de miedos, de férreos tormentos-;
le busco sumido en la impaciencia
que me hizo incapaz
de estar cerca del ámbito indiscreto.

El umbral etéreo allana
la entrada a su feudo silente,
ese fragor cada vez se vuelve
inmisericorde.
Con garras estrépitas me rodea
y quedo detenido
sin poder entrar a sus dominios.

Cierra la abertura de acceso
a la inmensidad.
¡Y maldigo, maldigo una y otra vez!
Echando a correr sigo a la imagen
que no veo,
que ni siquiera detecto sus huellas

Agobiada mi alma empieza a culparme
del ímpetu fallido…
¡Cuánto ruido hace burlándose!
Intenta zumbar muy dentro de mí
vibrando sobre la esencia protegida
por mi cuerpo.

Sin deseos,
con las fuerzas agotadas,
arrastrándome, despedazándome,
reventado en miles de fragmentos
que van juntándose
con el viento del tiempo,
me desborono,
mientras la esencia escapándose;
convertida en fluido sale,
y rápido entra a la esfera deshabitada
quedándose afuera el entorno despedazado.

OJALÁ PUEDAS VOLVER

Al margen de la vida te estaré esperando,
allá, en donde el amor no claudica de miedo,
al margen de la vida viviré soñando
con un querer que me haga existir de nuevo.

Y sabiendo que de tu amor me encuentro lejos
me remonto en el horizonte indefinido,
escalando el sereno retenido en tus sueños,
acortando el paso del holgado recorrido.

Al margen de la vida camino despacio
alargando el tiempo para que puedas volver,
a entrar en el lugar de mi corazón confundido,
ahogado de delirios por causa de tu querer.

Y en la orfandad costada al olvido pides
que traiga en la lluvia de tristeza inhumano dolor,
y las gotas de lluvia caen inundándome el alma
de falsa esperanza y desolación.

Al margen de la vida me voy consumiendo
de tan larga espera en la desesperación,
al final del día ruedo hasta el abismo,
en donde, al margen de la vida acaba el amor.

¡QUÉ POBRE ES TU AMOR!

Decirme te quiero para ti es solo un ruego
pedirte un te amo es el calor que no has dado,
tienes ese amor tan pobre y tan ciego
que hasta en el olvido has martirizado.

No sé si al decirlo sirva de consuelo
de ilusiones sueño, pues no te lo niego,
el estar contigo fue mi peor desvelo,
tus torpes caricias me tenían ciego.

Tétrica es la frialdad que tu alma embarga
obsequiando de las flores solo las espinas,
contienen tus besos la saliva amarga,
sabor que envenena como una toxina.

Pero no te ruego ni tampoco imploro,
tú me contagiaste con desdén y odio,
en mi corazón ya por nadie lloro,
haces de mi vida un triste episodio.

Fuiste la ironía que cambió mi rumbo,
zarandeo cruel de los sentimientos,
fue que tu mentira caló tan profundo,
destrozó al amor hasta sus cimientos.

SENTIDOS ATRAPADOS

Solo, solitario, tan solo
que no dejo de pensar en ti,
la tristeza rodeándome,
atrapando mis sentidos,
llevándome hasta el abismo
del que no puedo escapar.
La soledad se posa en mis manos
y padezco su incesante palpitar
apegado a mi piel,
sostengo el gemir lacerante
de mis ojos sofocados de nostalgia,
surca el silencio, cava en el alma
sombras teñidas
vierten el mar de desesperación.
Sale impalpable la silueta,
singular reverso
avasallando la medida de tu ausencia,
formas difusas señalan percance
-el de mi corazón abrupto-,
desalentado bamboleo en la oscuridad,
oquedad profunda de mi existir
adonde tu mal proceder sembró penumbras
de faltas y de privación,
y ahora vacío en el único lugar
que con mi cabeza loca puedo perdurar…
Solo, sintiéndome solo en la abnegación.

AJENA

Cuando llega la noche serena
la nostalgia invade mi pensamiento,
dormir sin ti no es todo lo que siento,
es la ausencia la causante de mis penas.

Esa imagen vibrante que me llena
enciende una luz inolvidable en mi recuerdo,
en la alcoba te haces notar y te pierdo,
es un martirio vivir con esta condena.

Desvelado paso lo noche entera
con la almohada abrazada entre las piernas
y me confundo en aquellas caricias tiernas
mojado en llanto porque sé que eres ajena.

COMO CUANDO CAE LA LLUVIA

Mírame,
tócame, siénteme
no soy de trapo ni de papel;
aún vive en mí todo tu querer
pidiendo a gritos volver a ser
tan especial
como en el lapso aquel.

Mírame,
solo así calmo la sed
de esta alma sedienta por sentir
que me vas mirando,
y ya no puede resistir
verte alejando.

¡Tócame,
hazme nacer de nuevo!
Déjame
advertir el ardor de tu fuego
entrar a mi piel,
que ansiosa quiere beber
la tersura deliciosa
de tus manos.

Siénteme
como cuando cae la lluvia;
con esa humedad
de tu cabellera rubia
prenderemos
este amor de los dos;
quiéreme tanto
como te quiero yo.

OLAS VERTIDAS

Llegaste tarde a mi vida
y el sol nos cegó de sombras,
el reloj cambió las horas
de la estación detenida.

Quisiste ser el camino
seguir sintiendo mis pasos,
de los que andaban escasos
porque la luz se había ido.

Al pasado vas culpando
de este cambio inoportuno,
el destino solo es uno,
así que ves asimilando.

El tic tac sonando ahora
recuerda cuando se acaba,
la ilusión imaginada
que a tu corazón colora.

Llegaste tarde, sumida
en la arena del mar desierto,
buscando huellas de un muerto
entre las olas vertidas.

SUFRIENDO TU AMOR

Que no me querías, que fui tu desdicha
en todos lugares decías así…
¿Y para qué volviste detrás de mi vida
suplicando a diario te diera mi amor?
Siempre tú fingiste ese falso llanto
me hiciste que viera para en ti creer…
¡Lárgate por donde viniste,
no regreses nunca a buscar mi querer!
¡Lárgate, si te acabaste la dicha
que me deleitaba en el corazón!

Eres mal agüero que vive tronchando
ilusiones buenas con tu desamor,
me pediste un día que te perdonara
y a escasos segundos fallaste otra vez…

¡Lárgate! ¿No sientes que ya no te quiero,
que a mi amor entero no puedes rendir?
¡Lárgate, si a tu rostro yo he olvidado,
pero no te olvides de llevarte el pasado
al lugar del que nunca debiste salir!

CUANDO TODO PAREZCA DISTINTO

Cuando no sientas amor por mí
acércate a lo sensible del corazón,
pregúntale si existe alguna razón
para que yo deje de pensar en ti.

Cuando veas nuestro romance desaparecer
como humo fugaz desvaneciéndose en el olvido,
explícale al alma porque no soy correspondido,
si existen motivos para dejarme de querer.

Cuando la dicha de este idilio haya marchado
en la penumbra de una ilusión perdida,
ven junto a mí para sanar esa herida
y regar las flores que se han marchitado.

Cuando tu interior deje de temblar
al respirar el aroma de mi presencia,
no te refugies en el escondite de la ausencia
ven y dile al amor ¡cuánto me quieres amar!

VUELA LEJOS

¡En raudo vuelo,
vuela libre hasta la inmensidad,
surcando el cielo
ve a la libertad!

Las plumas dejas
con el tanteo seguido,
ahí vas y te alejas
en el primer viaje emprendido.

Vuela lejos peregrina,
alza vuelo blanca paloma,
entona y trina
porque tu brío no se desploma.

Traza el sendero
de tu destino, siéntete libre,
ve y busca al jilguero
quien trova suelto allá en la cumbre.

Vete a volar intrépida ave
no seas tontuela, haz como una nave,
llega a las estrellas,
yo te seguiré en el sigilo de tus huellas.

POR ESTAR SIN TI

❈

¡Cómo voy hacer para estar sin ti
en este vacío que me parte el alma!
Ya no puedo más continuar así…

Cuando falta amor todo ese silencio
se mete adentro de mi corazón
acabándome las ganas de vivir.
Nada duele más que esta tortura
hiriéndome de amor.

¡Qué debo hacer
para que este hastío encerrado
en las entrañas del alma
deje de sentir tu ausencia,
y pueda volver a respirar sin ti!
Por mí…

Cada amanecer
despierto sintiendo tus pasos
pasar tan cerca,
y se agita esa ansiedad
que me doblega en la soledad,
muriéndome por ti,
por estar sin ti.

El apuro de tenerte
agudiza el latir de mi corazón
desesperado por verte,
pero sigues ausente...
¡Me lastimas tanto!
¡Cómo venceré cada segundo
de tu lejanía asidua,
cundiendo mi amor de intratable
angustia!
Este tormento no lo resistiré...

¡Cuánto más sabré aguantar
de esta indolencia
que no parece terminar!
Por estar sin ti, sigo en este vacío
que me parte el alma.

CUANDO VUELVA A VERTE

Cuando vuelva a verte no lloraré por ti
ni dejaré que veas mis ojos sollozando,
seré un desconocido, nada sabrás de mí,
aunque en la memoria te siga recordando.

Cuando vuelva a verte no sentirás el olor
del perfume exquisito que en el alma te besaba,
ni habrá más un solo momento de la noche de amor,
del romance que dejé cuando a mi ser te entregabas.

Cuando vuelva a verte ni siquiera te llamaré
para que no sientas tristeza ni la cara sonrojada.
Quizás me veas pasar a distancia, pero yo fingiré
no haberte visto, y solo pensaré en la pasión terminada.

Cuando vuelva a verte disfrazaré lo que he sentido,
y si en algún momento se cruzaran nuestras miradas,
solo veré en ti una sombra fugaz dentro del olvido,
esa sombra que en el recuerdo ha quedado aislada.

YO VENGO DE TI

Me agobia el alma la incesante sequía
de sentirte tan fría y no verte de cerca,
mas no eres culpable de la erguía
ni del semblante que ajado demarca;
me hallo en este espacio lejano
alejado de matices labrados de sueños
pintados en el cristal aguado del suelo
con hebras plateadas y encajes bordados;
en la magia densa de la bruma velo
al mar besando tu dorada arista.

Precisas en mi tu imborrable silueta
y en el asomo de luz te encuentras metida,
en el corazón nato que al latir prometa
las ansias de estar en tierra bendecida.

Inmensa sobresales entre la espuma
de olas estremeciéndose en los arrecifes;
plétora belleza el don de tus valles
y tus montañas de un fabuloso colorido
deleitan el paisaje esplendoroso
perfumado por las flores de tu encanto

Algodonado estrato techado
teñido del añil infinito;
ataviado aparece el amanecer…
Los áureos rayos de sol van cayendo
sobre el diverso palmar arrullado
entre conchas, corales y estrellas.

Y en el crepúsculo rojizo
del escenario marcado por el ocaso,
el horizonte afilado… ¡Henchido de perlas,
los más preciosos brillantes,
candilejas del anochecer!
Colman de nostalgia mi pensamiento,
pero no eres tú la responsable
del distanciamiento
que me parte adentro…
¡Oh, noble tierra, tú que me viste nacer,
si yo vengo de ti!
Nací en un cálido lecho cubierto de azahares,
aromado de dulzura de la caña y del frondoso pico,
fui mojado en el retozo alborozado de tus mares,
soy el fruto rociado por la nieve y por el frío
y no quiero morir apartado de aquí;
separado de esta isla sin fronteras
donde la gaviota el tiempo desaltera,
de esta tierra que le agrada de las aves
sus épicos acordes y sus melodías tiernas.
Quiero dormirme en la entonación del coquí,
y lanzar las piedras que rebotan en el río.
Terruño entrañable ¡pídeme lo que quieras,
mira que vengo de ti!
Del café colao, de la hamaca, del bohío,
del cantar que el gallo aflora en la madrugada,
del aguinaldo, de la bomba, de la plena,
la trova es la sangre que corre en mis venas,
yo vengo de ti… Yo soy Puerto Rico.

CON LA MISMA MONEDA

Álgida almohada ajada
sobre la cama desierta
extraña a quien se despierta
afuera en la madrugada.
La sábana abandonada,
carente el fiero calor,
doblada por el dolor
dejado por esa espina
cuando estabas en la esquina
en los brazos de otro amor.

En la alcoba solitaria
las noches parecen largas,
las fantasías amargas
se aparecen voluntarias.
Como regla involuntaria
dormir no ha podido ser,
llegado el amanecer
y la cama está igualita
fuiste a quedarte ahorita
en brazos de otro querer.

Te pago con la moneda
la misma desembolsada,
estuve hasta la alborada
con otra entre la arboleda.
Mi forma de actuar remeda
tu golpe devastador,
no temo ser vengador
después de lo que me hiciste,
engañándome corriste
a los brazos de otro amor.

POR MIS CONGOJAS

Tuve una ensoñación
que no deja llorar
y no puedo salir de mis congojas,
intensa es la alusión
que me hace recordar
aquel sueño febril y que me arroja
a un vil tropiezo con el pasado.

No, no quiero regresar
al tiempo que partió
llevándose de mi lado
aquellos labios rosados
que ahora no puedo ni besar.

Una visión entró
a mis sentidos dormidos
y en ese sueño me hizo la insinuación
para volver a consentir
al amor que se ha ido.

Pero no,
no puedo yo aceptar
ese trago penoso que deshonra,
le dejaré partir en la imaginación,
aunque no pueda llorar por mis congojas.

OLVIDA QUE EXISTEN LOS SUEÑOS

Mírame a los ojos, abrázame fuerte
y no digas nada,
rendida en mis brazos hoy quiero tenerte,
amémonos sin que tenga fin la madrugada…
No pienses,
solo olvida que existen los sueños,
como eclipse
naveguemos en la ausencia oculta
por derecho al amor que por ti siento;
¡oh!, el que sentimos los dos,
y juntos en cada hilo de aliento
-el que nos dio la vida-,
quiero sentirte respirar dentro de mi piel,
y en cada momento inconcluso
sentir más ganas de seguirte siendo fiel.

Printed in the United States
By Bookmasters